THE RIVALS,

OU

LES RIVAUX,

COMÉDIE EN CINQ ACTES ;

Par RICHARD BRINSLEY SHERIDAN, Ecuyer.

REPRÉSENTÉE pour la première fois sur le Théatre Royal de COVENT-GARDEN*, l'année 1775.*

M. DCC. LXXXIV.

NOTICE SUCCINTE
SUR LA VIE
DE RICHARD BRINSLEY SHERIDAN,
ECUYER.

RICHARD SHERIDAN, naquit à Quilca, près de Dublin, l'année 1752. Son père, Thomas Sheridan, aussi distingué dans les Belles Lettres, que dans l'art de la Déclamation, le conduisit, à l'âge de six ans, en Angleterre, & le confia aux soins du Docteur Sumner, Principal du Collége d'*Harrow*. Il y fit des grands progrès, & dès qu'il put se choisir un état, il embrassa celui du Barreau. Il se logea, en conséquence, au *Temple* pour y vaquer à l'étude; mais le goût du Théatre lui fit bientôt oublier la

Jurisprudence. Après avoir traduit, à dix-huit ans, les Epîtres d'*Aristænetus*, il se livra entiérement à l'étude des Auteurs dramatiques anciens, & donna au public, en 1775, sa première pièce nommée *les Rivaux*. Encouragé par le succès, il en publia plusieurs autres avec les mêmes applaudissemens. M. Garrick, dont la santé chancellante exigeoit du repos, disposa, en 1776, de son privilège de Directeur du Théatre royal de Drury-Lane, en faveur de Messieurs Ford, Linley, & Sheridan. Ce dernier avoit épousé, en 1773, la célèbre Miss Linley, aussi distinguée par sa beauté & la perfection de sa voix, que par ses talens pour la musique. Il continue d'être un des Directeurs du Théatre, il est membre du Parlement, & a mérité, par ses compositions dramatiques, le nom du *Congrève* de nos jours ; il est généralement estimé comme Auteur, & recherché par les personnes du plus haut rang, comme l'ornement de la société.

ACTEURS.

SIR ANTHONY ABSOLUTE (1).

Le Capitaine ABSOLUTE, *son fils, connu sous le nom de* L'ENSEIGNE BEVERLEY.

FAULKLAND, *Amant de* JULIE.

ACRES, *Gentilhomme Campagnard.*

SIR LUCIUS O'TRIGGER, *Baronet Irlandois.*

FAG, *Valet de Chambre du Capitaine.*

DAVID, *Laquais d'*ACRES.

THOMAS, *Cocher de* SIR ANTHONY.

MISTRISS MALAPROP.

LYDIA LANGUISH, (2) *sa Nièce.*

JULIE MELVILLE.

LUCY, *Suivante de* LYDIE *&* *de* MISTRISS MALAPROP.

PLUSIEURS LAQUAIS, &c.

La Scène est à Bath (3)

L'action dure un jour. (4)

---

(1) ABSOLUTE, signifie *absolu, prompt, positif.*

(2) LANGUISH, signifie *languissante.*

(3) *Bath*, endroit fameux pour les bains, situé à cent dix milles de Londres.

(4) Cette particularité est d'autant plus remarquable, que M. Sheridan est le premier Auteur dramatique Anglois qui ait observé la règle de vingt-quatre heures.

LES RIVAUX,

COMÉDIE

EN CINQ ACTES.

ACTE PREMIER.

Le Théatre représente une rue dans Bath.

SCENE PREMIERE.

FAG, THOMAS.

FAG, *appercevant Thomas traversant le Théatre.*

QUE vois je?.... Quoi! c'est Thomas?.... Ma foi, c'est lui-même. — Thomas? Thomas?

THOMAS.

Quelqu'un m'appelle? — Parbleu! c'est M. Fag. — Touchez-là, mon ancien camarade?

FAG *lui donne une main gantée.*

Excusez le gand, mon ami?.... Ah! mon cher prince des cochers! je suis diablement aise de vous voir à Bath.

THOMAS.

Toute la famille est ici. Mon maître, Mistriss Malaprop, Miss Julie, Mistriss Kate, Harry, le Postillon, & moi, comme vous voyez.

FAG.

Est-il possible!

THOMAS.

Sir Anthony, craignant une autre attaque de goute, a pris les devans, & nous sommes partis en moins d'une heure, après l'ordre donné.

FAG.

Je le reconnois bien là : *absolu* en toutes choses, il mérite bien le nom qu'il porte.

THOMAS.

Comment se porte notre jeune maître? Sir Anthony sera bien étonné de le voir à Bath.

FAG.

Je ne sers plus son fils le Capitaine : je suis chez l'Enseigne Beverley....

THOMAS.

Avez-vous changé pour le mieux?

FAG.

Je n'ai point changé du tout, mon cher Thomas....

THOMAS.

Ah! rien que de maître, n'est-ce pas?

FAG.

Pas plus : écoutez? Je vais vous mettre au fait de ce mystère. L'Enseigne Beverley n'est autre que le Capitaine *Absolute*..

THOMAS.

Je ne vous comprends pas.

FAG.

Quand l'un me garde, l'autre me congédie.

THOMAS.

Bon, cela me paroît assez clair.... Cependant, vous pourriez mieux m'instruire, car, franchement....

FAG.

Êtes-vous secret?....

THOMAS.

Comme un cheval de carrosse.

FAG.

Hé bien, Thomas; le mot de cette énigme..... c'est l'amour. — Ah! Thomas! vous avez sans doute lu, dans quelque livre, que l'amour a toujours eu la manie des déguisemens, depuis le siècle de Jupiter.... jusqu'au nôtre!

THOMAS.

J'aurois gagé qu'il y avoit quelque femme en jeu. Votre maître joue donc, auprès de sa maîtresse, le rôle d'un Enseigne : pourquoi ne se fait-il pas plutôt passer pour un Général?

FAG.

Voilà justement le nœud de l'affaire. Sa maîtresse est fort singulière : elle préfère les Enseignes aux Généraux, parce qu'ils sont plus pauvres ; si elle savoit que mon maître est le fils de Sir Anthony Absolute, & qu'il en doit hériter un jour de trois mille livres sterling de rente, elle n'en voudroit plus.

THOMAS.

Bon! — Mais elle est donc bien riche.....

FAG.

Ah! je vous en réponds. Elle possède, je crois, la moitié des fonds publics. En vérité, Thomas! il lui seroit aussi facile d'acquitter la dette nationale, qu'à moi de payer ma blanchisseuse. Son chien mange dans des vases d'or ; son perroquet se nourrit de perles, & l'on se sert de billets de banque pour ses papillotes.

THOMAS.

Elle nage donc dans les millions? — Mais comment vit-elle avec le Capitaine?

FAG.

Comme une tourterelle avec son tourtereau.

THOMAS.

Puis-je savoir son nom?

FAG.

Sans doute : c'est Miss Lydia Languish, nièce d'une vieille tante, qui nous embarrasse beaucoup. Mon maître a fait sa connoissance dans la province de Glocester.

THOMAS.

Je voudrois les voir déja attelés ensemble au joug du mariage. — S'amuse-t-on à Bath?

FAG.

Pas mal, pas mal. Nous allons le matin à la salle, où l'on boit les eaux ; & où mon maître & moi nous buvons du vin. Après le déjeûné nous allons à la place de la Parade, nous y jouons au billard ; le soir nous allons dans les salles publiques, où nous dansons ; il est vrai qu'à onze heures nous nous retirons, & cela est diablement ennuyeux; mais ne t'inquiète pas Thomas, le Valet de chambre de M. Faulkland, & moi, nous avons notre société particulière, où je t'introduirai.

THOMAS.

Je connois M. du Peigne, son maître épouse Miss Julie.

FAG.

Je le sais. — Mais, Thomas, il faut changer ta coëffure : que diable fais-tu de cette vilaine perruque : aucun cocher de Londres, un peu élégant, n'en porte aujourd'hui.

THOMAS.

Tant pis. Quand j'ai appris que les Médecins & les Magistrats n'en portoient plus, je me suis douté que le mauvais exemple gagneroit le siège des voitures. Ah! M. Fag! tous les états sont confondus : mais je ne risquerai jamais de perdre l'esprit du mien, en liant mes cheveux.

FAG.

Qui vient là-bas?

THOMAS.

C'est notre Capitaine.... Qu'elle est cette femme? Est-ce celle....

FAG.

Non, c'est Lucy, sa femme de chambre.

THOMAS.

Bon : il lui donne de l'argent.....

FAG.

Adieu, je vais apprendre à mon maître que vous êtes ici. Nous nous reverrons ce soir.

Ils se retirent chacun de leur côté.

SCENE II.

Le Théatre représente un cabinet de toilette dans l'appartement de MISTRISS MALAPROP. LYDIA, *assise sur un sopha, tient un livre à la main.*

LYDIA, LUCY.

LUCY.

J'AI visité toutes les boutiqnes des Libraires, personne n'a les livres que vous demandez.

LYDIA.

Quoi! on ne connoît pas *la Constance recompensée?*

LUCY.

Non, Madame

LYDIA.

Ni *la Liaison dangéreuse.*

LUCY.

Non, Madame.

LYDIA.

Ni *les Egaremens de l'esprit.*

LUCY.

Miss Saunter venoit de les emporter, au moment où j'entrois.

LYDIA.

Que j'en suis fâchée! — Vous êtes-vous informé

de l'*Heureuse infortune*, ou *les Mémoires de Lady Woodford*?

LUCY.

M. Frederick n'a pas voulu me les donner, Miss Saunter qui les avoient lus, avoit tellement graissé les pages avec ses doits, qu'aucun Chrétien n'oseroit y toucher.

LYDIA.

Elle a de mains perfides, elles sont marquées sur tous ses ouvrages. — Que m'as-tu donc apporté, mon enfant?

LUCY, *elle tire plusieurs livres de ses poches.*

Bien des nouveautés, Madame. Voici *le Nœud gordien*, *Peregrine Pickle.* — *Les Larmes de la sensibilité.* — *Humphrey Clinker.* — *Les Mémoires d'une dame de qualité, écrits par elle-même*, & le second volume *du Voyage sentimental.* (1)

LYDIA.

Hélas! — Quels sont ces livres sur la commode?

(1) Épigramme contre un mauvais ouvrage, qu'on avoit publié, comme un supplément au Voyage sentimental de Docteur *Sterne*, & qu'on se flattoit de pouvoir lui attribuer, mais la fraude fut bientôt reconnue.

LUCY.

C'est peu de chose : le plus volumineux est *le Devoir général de l'homme*. J'y lis quelquefois pour me divertir.

LYDIA.

Tu fais bien. Donne-moi le sel volatil.

LUCY.

Est-ce ce livre couvert de bleu?

LYDIA.

Imbécile ; ne comprends-tu pas que je te demande mon flacon?.... Mais j'entends quelqu'un ? Va voir si c'est ma tante. (*Lucy sort.*) — Ah! je crois entendre la voix de ma cousine Julie....

(*Lucy revient.*)

LUCY.

Madame ! Madame ! c'est Miss Melville.

SCENE III.

Les précedentes, JULIE.

LYDIA, *en l'embrassant.*

AH ! ma chère Julie!.... Quelle charmante surprise?....

JULIE.

Elle rend notre satisfaction plus piquante.....

Mais pourquoi m'a-t-on refusé l'entrée de votre appartement ?

LYDIA.

Je vous le dirai dans un autre moment. — Par quel hazard êtes-vous à Bath ? Sir Anthony est-il ici ?

JULIE.

Oui : il s'habille, & va se rendre chez votre tante. Il n'y a qu'une heure que nous sommes arrivés.

LYDIA.

Tandis que nous sommes seules, je veux vous communiquer mes chagrins. Vous avez su, par mes lettres, ma liaison avec Beverley ; ah ! ma chère amie ! elle est rompue : ma tante a surpris un billet, qui lui a appris notre correspondance, en est furieuse, & m'a confinée dans cet appartement. Cela est d'autant plus singulier qu'elle même est vivement éprise d'un Chevalier Irlandois, qu'elle n'a vu qu'une fois à l'assemblée de Lady Mac-Shauffle.

JULIE.

Vous plaisantez.

LYDIA.

Ils ont une correspondance secrète, qu'elle entretient sous le nom de *Delia*, il ignore que c'est ma tante.

JULIE.

JULIE.

Sa passion devroit la rendre un peu plus indulgente.

LYDIA.

Elle n'en est que plus sévère. —— Mais ce n'est pas là ma seule peine : l'odieux Acres arrive : ce vilain rustre va me persécuter avec sa tendresse.

JULIE.

Ne vous affligez pas, ma chère : Sir Anthony vous aime, il appaisera votre tante.

LYDIA.

Hélas ! le jour qu'elle a découvert mes sentimens pour Beverley, je venois justement de le gronder & je n'ai plus eu, depuis ce temps, aucune occasion de me racommoder avec lui.

JULIE.

Quelle étoit son offense ?

LYDIA.

J'étois ennuyée de le voir toujours content. Pour l'en punir, je me suis écrit un billet anonyme, où je l'accusois d'inconstance, je lui ai reproché sa perfidie, & l'ai banni de ma présence.

JULIE.

Avez-vous eu la maladresse de le laisser dans cette erreur ?

LYDIA.

Je voulois seulement le tenir en haleine pendant quelques jours, mais je l'ai perdu sans retour.

JULIE.

Il reviendra ; un Enseigne ne renonce pas facilement à trente mille livres sterlings.

LYDIA.

Si je me marie sans l'aveu de ma tante, je perds la plus grande partie de mon bien ; mais j'y suis décidée pour me venger d'elle : d'ailleurs, je n'épouserai jamais celui qui n'acceptera ma main qu'à ma majorité.

JULIE.

Voilà un caprice impardonnable.

LYDIA.

Vous devez l'approuver, Faulkland vous a familiarisée avec ce défaut.

JULIE.

Il est un peu jaloux.

LYDIA.

Sait-il que vous êtes à Bath ?

JULIE.

Je n'ai pas eu le temps de l'en instruire.

LYDIA.

Je ne conçois rien à votre penchant pour un tel

homme ? Jugez par son humeur actuelle, de ce qu'il sera dans la suite, & vous craindrez de l'épouser.

JULIE.

Point du tout. Faulkland est franc, sincère & modeste : s'il est soupçonneux & jaloux, je l'attribue plutôt à sa tendresse qu'à sa vanité : je vous avoue que j'aime jusqu'à ses défauts, & que je lui donnerai ma main avec plaisir.

LYDIA.

La reconnoissance plus que l'amour vous attache à lui. L'accident de la barque lui a été très-favorable.

JULIE.

Son empressement à sauver ma vie, n'a fait que confirmer ma tendresse pour lui.

LYDIA.

Mon Epagneule vous eût rendu le même service.....

JULIE.

Vous n'êtes pas sensible.

LYDIA.

Ne vous fâchez pas..... Mais que nous veut Lucy ?

SCENE IV.

Les précédentes, LUCY.

LUCY, *entre précipitamment.*

MADAME! voici Sir Anthony avec votre tante.

JULIE.

Adieu, je vous laisse, & viendrai la voir dans quelqu'autre moment, où je pourrai lui laisser tout le loisir de m'ennuyer avec ses phrases recherchées qu'elle applique fort mal, mais qu'elle prononce bien.

LYDIA, *en l'embrassant.*

Passez par l'escalier dérobé. N'oubliez pas d'envoyer chez Faulkland.

JULIE, *en s'en allant.*

Non, non : Adieu. (*Elle sort.*)

LYDIA, *à Lucy.*

Cache ces livres. — Jette *Peregrine Pickle*, sous ma toilette. — Mets *Roderic Random*, dans mon cabinet. — Enferme l'*Adultère innocent*, dans *les Devoirs de l'homme.* — Mets *Lord Nimworth*, sous le sopha, *Ovide*, derrière mon oreiller, & l'*Homme sensible*, dans ta poche. Deploye *Mistriss Chapone* sur la cheminée, & ouvre *les Sermons de Fordyce*....

LUCY.

Brûlons-les plutôt, votre coëffeur les a déchirés jusqu'à celui qui est sur l'*amour-propre.*

LYDIA.

Mets en évidence le Sermon sur la *tempérance*....

LUCY.

Voici encore *les Lettres du Lord Chesterfield.*

LYDIA.

Jettez-les par la fenêtre. — Ah ! ciel ! voici ma tante.

SCENE V.

LYDIA, MISTRISS MALAPROP, SIR ANTHONY ABSOLUTE.

MIST. MALAPROP.

LA voilà, Sir Anthony : voilà cette insensée qui déshonore sa famille par son obstination à épouser un homme, qui ne possède pas un shelling.

LYDIA.

Je croyois, Madame....

MIST. MALAPROP.

Vous croyez Miss? A votre âge on ne croit rien, mais on obéit. J'exige que vous oubliez ce jeune étourdi.

LYDIA.

Ah! Madame! la volonté est indépendante de la mémoire : je ne puis pas oublier une chose aussi facilement que vous l'ordonnez.

MIST. MALAPROP.

Il s'agit de le vouloir pour y réussir. — N'ai-je pas entiérement oublié votre pauvre oncle?

SIR ANTHONY.

Elle vous promet d'oublier ce que vous lui défendez d'aimer, un petit Enseigne..... Voilà cependant ce que produit la lecture.

LYDIA.

Mon crime n'est pas si grave, pour être traitée avec tant de rigueur.

MIST. MALAPROP.

Ne cherchez pas à l'*extirper*. J'ai des preuves *inconcevables* de votre faute : mais promettez-moi de suivre désormais ma volonté, & je vous pardonnerai. —— Acceptez-vous l'époux que je vous destine ?

LYDIA.

J'aimerois mieux mourir ; je ne puis vaincre l'aversion qu'il m'inspire.

MIST. MALAPROP.

Tant mieux : un peu d'aversion est favorable au mariage ; lorsque j'épousai votre pauvre oncle, je le haissois à la mort ; nous n'en fûmes pas moins heureux dans la suite.... Tout le monde sait combien j'ai donné de larmes à sa mort. —— Mais puisque vous refusez M. Acres, serez-vous plus docile pour un autre choix.

LYDIA.

Si je vous le promettois, mes actions démentiroient ma bouche.

MIST. MALAPROP.

Retirez-vous, Miss, vous êtes indigne de mes soins. Allez dans votre chambre.

LYDIA.

Volontiers, Madame ; l'amour m'y fera compagnie. (*Elle sort.*)

MIST. MALAPROP.

Ah ! Sir Anthony ! quel bouleversement de mœurs ?

SIR ANTHONY.

Faut-il s'en étonner ? Voilà ce que c'est que d'apprendre aux filles à lire, & à écrire : si j'en avois une centaine, je leur enseignerois plutôt la magie noire que l'alphabet.

MIST. MALAPROP.

Vous êtes véritablement un savant *misanthrope.*

SIR ANTHONY.

J'ai rencontré, en venant ici, la soubrette de votre nièce ; elle étoit chargée de livres, comme un âne de latin.

MIST. MALAPROP.

Ces malheureux cabinets de lecture, sont des pestes publiques.

SIR ANTHONY.

Ils sont comme des arbres qui fleurissent toute l'année : ceux qui manient les feuilles voudroient en manger le fruit, & toute science est diabolique.

MIST. MALAPROP.

Fi, Sir Anthony, vous vous emportez.

SIR ANTHONY.

Parlons sérieusement : quelles qualités désirez-vous dans une femme.

MIST. MALAPROP.

Quelles qualités ? Il ne faut pas qu'elle soit un prodige d'esprit, trop d'instruction nuit à notre sexe. Elle doit ignorer le grec, l'hebreu & l'algèbre, la *simonie*, & les *fluxions* de la mer ; les *paradoxes*, & toutes les *branches* inflammables de la science *abstraite* : je ne veux pas non plus qu'elle manie vos instrumens de mathématiques, de l'*astronomique*, de l'*hydrolique*, de l'*hyperbolique*, ou de la *magnétique*. Il suffit qu'elle aille à neuf ans à l'école pour apprendre un peu d'*ingénuité*, & beaucoup d'artifice, qu'elle y prenne une *sévère* connoissance de l'arithmétique pour règler les mémoires de sa marchande de modes, & qu'elle connoisse un peu de *géométrie* pour être au fait des pays *contagieux* de l'Angleterre : mais sur-tout Sir Anthony, il est indispensable qu'elle soit très-ortodoxe dans la grammaire, pour éviter l'inconvénient de la plûpart de nos jeunes filles, qui parlent sans savoir ce qu'elles disent.

SIR ANTHONY.

A merveille ; nous sommes à peu-près du même avis. — Mais revenons à nos affaires ? Vous approuvez donc l'alliance de mon fils avec votre nièce ?

MIST. MALAPROP.

Beaucoup. Mes engagemens avec M. Acres, peuvent se rompre à ma volonté.

SIR ANTHONY.

Je vais écrire à mon fils, & l'instruirai de mon projet.

MIST. MALAPROP.

Êtes-vous sûr qu'il l'approuvera.

SIR ANTHONY.

Je voudrois voir qu'il osât s'y opposer. Ah! Mistriss Malaprop, vous ne me connoissez pas : Jack (1) sait que la moindre résistance me rend furieux : j'ai toujours traité mes enfans avec sévérité, lorsqu'ils ne m'obéissoient pas, je les ai chatiés de la bonne manière.

MIST. MALAPROP.

Tant mieux : trop de douceur perd la jeunesse. Je vais congédier M. Acres, & préparer Lydia à recevoir la main de votre fils : je le lui présenterai comme un objet digne de toute son affection....

(1) Diminutif de *John* ou *Jean*. On nomme ainsi les enfans ou les personnes que l'on chérit. C'est une expression très-familière.

SIR ANTHONY.

Si elle refuse d'obéir, enfermez-la quelques jours ; faites-la jeûner, & je vous réponds qu'elle sera bientôt plus docile. Adieu, la perle des femmes. *(Il sort.)*

MIST. MALAPROP.

Adieu le plus aimable des hommes. Je suivrai son conseil, il me sera avantageux. Je ne conçois pas comment Lydia a découvert ma *partialité* pour Sir Lucius O'Trigger.... Je ne crains pas l'indiscrétion de Lucy, elle est simple & inocente..... *(Elle l'appelle.)* Lucy ? Lucy ?..... Si je n'avois connu ses bonnes qualités, je ne lui aurois pas confié mon secret. — Lucy ! Lucy ! Où donc est-elle ?

SCENE VI.

MISTRISS MALAPROP, LUCY.

LUCY, *d'un air niais.*

MADAME m'appelle-t-elle ?

MIST. MALAPROP.

Oui, mon enfant : écoutes ? — As-tu vu Sir Lucius, lorsque tu es sortie ?

LUCY.

O Seigneur ! pas seulement son ombre.

MIST. MALAPROP.

Es-tu bien sûre, Lucy, de n'avoir jamais parlé de notre correspondance ?

LUCY.

Ah ! ciel ! on m'arracheroit plutôt la langue.

MIST. MALAPROP.

Fort bien, ma chère : ne laisse jamais surprendre ton innocence.

LUCY.

J'y prends bien garde, Madame.

MIST. MALAPROP.

Approches ? — Voici une autre lettre pour Sir Lucius.... Si tu me trahis, tu perdras ma bienveillance. Mais je te permets de me révéler les secrets d'autrui..... Prends bien soin de ma lettre ; que ta simplicité n'aille pas exposer ma dignité.

(*Elle sort.*)

LUCY.

Ha ! ha ! ha ! ha ! la bonne dupe..... Ah ! ma pauvre simplicité, il faut t'oublier un instant. Toutes les filles de mon état affectent beaucoup d'assurance, pour mieux tromper leur maîtresses ; moi, au contraire, j'emprunte le masque de l'innocence, & conserve deux yeux pénétrans, qui veillent à mes intérêts. (*Elle tire un papier de sa poche.*) Voyons ce que ma ruse m'a produit ? — « Pour avoir encouragée Miss Lydia Languish à fuir avec un » Enseigne, » en différens articles, — douze guinées, plusieurs robes, cinq chapeaux, deux douzaines de paires de manchettes, une grande quantité de bonnets. &c. &c. &c. — Reçu dudit Enseigne dans le courant du mois dernier, « six gui- » nées & demie ». C'est le quart de ses appointemens. — « *Item*, de Mistriss Malaprop, pour avoir » trahi le secret desdits amoureux..... » Je n'ai parlé qu'après que d'autres l'avoient instruite.... « Desdits » amoureux, » deux guinées & une robe de soie. — « *Item*, de M. Acres, pour remettre à ma maî- » tresse des lettres qu'elle n'a jamais reçues, deux » guinées & une paire de boucles d'acier ». — *Item*, de Sir Lucius O'Trigger, « trois écus, deux pièces » d'or & une tabatière d'argent ». C'est beaucoup pour un *Hibernien*, car, en général, ils sont fort *économes*. S'il savoit que sa Delia a cinquante ans, il ne seroit pas si généreux; il s'imagine qu'il s'agit de la nièce, & quoiqu'il ne soit pas riche, il est néanmoins assez délicat pour sacrifier la fortune à l'amour. — A merveille, ma simplicité, en vérité vous ne m'avez point mal servie.

Fin du premier Acte.

ACTE II.

Le Théatre représente l'appartement du Capitaine ABSOLUTE.

SCENE PREMIERE.

LE CAPITAINE ABSOLUTE, FAG.

FAG.

SIR ANTHONY, Monsieur, m'a vu dans la maison où il loge. Dès qu'il est entré, je lui ai dit que je venois de votre part m'informer de sa santé, & savoir l'heure où vous pourriez le voir.

ABSOLUTE.

Que t'as-t-il dit ?

FAG.

Ah ! Monsieur ! jamais veillard n'a éprouvé une surprise pareille, lorsqu'il a appris que vous étiez à Bath ; il a reculé quelques pas, il a juré & m'a demandé quelles affaires vous y conduisoient.

ABSOLUTE.

Qu'as-tu répondu ?

FAG.

Qu'que mensonge, sans doute, Monsieur, mais je ne sais pas trop lequel, ce qu'il y a de certain c'est que je le défie de deviner la vérité. — Cependant, pour éviter tout inconvénient, il est nécessaire, Monsieur, que nous convenions ensemble du sujet qui nous a conduit ici? Car, encore faut-il mentir avec connoissance de cause. — Si vous aviez vu la curiosité des gens de Sir Anthony, Monsieur? ils m'ont faits un million de questions....

ABSOLUTE.

J'espère que tu n'as pas bavardé?....

FAG.

Moi, Monsieur? On ne m'arracheroit pas une parole, pour tout l'or du monde. — Thomas est rusé, mais je suis diablement fin, moi : mon honnête Thomas, lui disois-je : (vous savez, Monsieur, qu'on traite ainsi ses inférieurs.) Mon honnête Thomas, nous sommes à Bath pour recruter. — J'ai dit pour recruter, Monsieur, car, que l'on vienne ici pour enroler, ou pour gagner de l'argent, ou pour réparer sa santé, cela est fort indifférent, je crois, à la société.....

ABSOLUTE.

Hé bien?

FAG.

Pour rendre la chose plus vraisemblable, j'ai dit

dit que vous aviez déja enrôlé cinq porteurs de chaises sans emploi, treize marqueurs de billiard, & sept de ces parasites, des jeunes étourdis, qui mangent leur bien avant d'en être les maîtres.

ABSOLUTE.

Imbécile ! il ne faut jamais exagérer sans nécessité.

FAG.

Ah ! Monsieur ! il faut qu'un mensonge soit endossé comme une lettre de change, si l'on veut lui donner du crédit.

ABSOLUTE.

Prends garde de ne pas perdre le tien. — Sais-tu si Faulkland est rentré ?

FAG.

Il est chez lui, Monsieur.

ABSOLUTE.

Est-il informé de l'arrivée de mon père, & de Miss Melville ?

FAG.

Je ne le crois pas, Monsieur ; il n'a vu que son valet de chambre qu'il avoit quitté à Bristol.

ABSOLUTE.

Vas lui dire que je l'attends.

F A G, *il fait quelques pas & revient.*

Fort bien, Monsieur. — Un mot, s'il vous plaît? — Quand vous verrez Monsieur votre père, faites-moi la grace de vous rappeller que nous recrutons.

ABSOLUTE.

Je ne l'oublierai pas.

F A G.

Si Monsieur vouloit aussi parler des marqueurs, des parasites, &c, il tranquiliseroit ma conscience, je ne me fais nul scrupule de mentir pour mon maître, mais encore faut-il sauver son honneur.

(*Il sort.*)

ABSOLUTE.

Le drôle a jasé; toutes ses précautions m'autorisent à le croire. — Faulkland tarde bien à venir. — S'il ignore que sa maîtresse est à Bath, je veux m'en amuser un peu avant de l'en instruire; sa singularité me réjouit.... Ah! le voici.

SCENE II.

ABSOLUTE, FAULKLAND.

ABSOLUTE.

BON jour, mon ami ; parbleu tu es exact, tu reviens au jour marqué.

FAULKLAND.

Mes affaires finies, rien ne pouvoit me retenir. Quelles nouvelles y a-t-il à Bath depuis mon absence ? Comment se porte ta Lydia ?

ABSOLUTE.

Je ne l'ai pas vue depuis notre dernière querelle, mais je m'attends à chaque instant à être rappellé.

FAULKLAND.

Il faut finir ton *roman*, mon ami, il faut l'enlever.

ABSOLUTE.

Je ne suis pas assez fou pour m'exposer à perdre les deux tiers de son bien, en satisfaisant ce caprice.

FAULKLAND.

Fais-toi connoître ; ton père & la tante consentiront à cet hymen.

ABSOLUTE.

Il n'est pas temps encore ; quoique je sois bien certain de l'amour de Lydia, je ne répondrois cependant pas, qu'en se laissant enlever par l'Enseigne Beverley, elle acceptât la main du Capitaine Absolute.

FAULKLAND.

Quelle absurdité !

ABSOLUTE.

Viens-tu dîner avec moi à l'*hôtel*. (1)

FAULKLAND.

Je ne me sens pas l'esprit assez libre pour faire cette partie.

ABSOLUTE.

Tu es insupportable ; ta passion pour Julie t'absorbe entiérement.

FAULKLAND.

J'en conviens.

ABSOLUTE.

Imites-moi, mon ami ; j'aime, mais je ne suis pas comme toi, jaloux & soupçonneux. Tu fais l'amour en écolier.

FAULKLAND.

Ah ! mon cher Absolute ! ton cœur ne cherche

(1) La plus fameuse auberge de Bath.

pas comme le mien tout son bonheur dans un seul objet ; tu vises à la fortune comme les joueurs ; si tu pers aujourd'hui, tu commences demain une autre partie, mais moi, je risque tout mon bien, & si je perds, je suis ruiné.

ABSOLUTE.

Sur quoi, je te prie, toutes tes craintes sont-elles fondées ?....

FAULKLAND.

Sur toute la nature. Tantôt, je tremble pour les jours de celle que j'aime ; tantôt, je souffre de son absence : s'il pleut, s'il fait du vent, je m'allarme pour elle ; car tout cela peut lui être nuisible ; l'ardeur du soleil, la rosée du soir, peuvent altérer sa santé ; tout me fait ombrage, & je suis agité sans cesse par la crainte de perdre celle qui fait tout mon bonheur.

ABSOLUTE.

Ce n'est donc que sa santé qui t'inquiète ?

FAULKLAND.

Précisément.

ABSOLUTE.

Rassures-toi, elle se porte à merveille.

FAULKLAND.

Comment le sais-tu ?

ABSOLUTE.

Elle est actuellement à Bath avec mon père.

FAULKLAND.

Tu plaisantes ?

ABSOLUTE.

Je t'en donne ma parole d'honneur.

FAULKLAND, *avec transport.*

Ah ! mon ami ! mon cher, mon bon ami ! — Holà quelqu'un ? — Vîte mon chapeau, ma canne. — Oh ! mon cher Jack ! ce moment me fait oublier toutes mes peines ; je défie maintenant le sort....

SCENE III.

Les précédens, FAG.

FAG.

MONSIEUR Acres demande à vous voir, Monsieur.

ABSOLUTE.

Qu'il entre. (*à Faulkland.*) Acres est un voisin de mon père, un original qui t'instruira de la conduite de Julie pendant ton absence.

FAULKLAND.

Il vient fort à propos.

ABSOLUTE.

Il est amoureux de Lydia ; je suis son confident & il se plaint à moi de son rival Beverley. — Paix le voici.

SCENE IV.

Les précédens, ACRES, *vêtu en Gentilhomme campagnard.*

ACRES

BON jour mon cher, mon noble, mon digne Capitaine, mon honnête Jack ; vous paroissez vous porter aussi bien que moi. (*à Faulkland.*) Votre serviteur, Monsieur. (*à Absolute.*) Il fait bien chaud sur la route ; mort de ma vie ! J'ai voyagé comme une comète ; j'ai laissé après moi une queue de poussière aussi longue que le Mail. (1)

ABSOLUTE.

Vous êtes une vraie *planète ;* nous connoissons le centre d'attraction qui vous attire à Bath. — Permettez-moi de vous présenter M. Faulkland.

ACRES.

Ah ! Monsieur ! je suis fort aise de vous voir, &

(1) Promenade de Bath.

serai enchanté de me lier avec vous. — Dites-moi, un peu Jack? Est-ce ce Faulkland qui.....

ABSOLUTE.

Qui fait sa cour à Miss Melville....

ACRES.

Elle est arrivée avant moi, & je pense que Monsieur l'a déjà vûe. — Vous êtes fort heureux, Monsieur.

FAULKLAND.

Comment cela, Monsieur?

ACRES.

Vous aimez une demoiselle fort aimable, elle est d'une gaieté charmante.

FAULKLAND.

On m'a dit qu'elle avoit été un peu indisposée...

ACRES.

Rien de plus faux, on a cherché à vous inquiéter.

FAULKLAND, *bas à Absolute.*

Voilà une nouvelle qui a manqué de m'être fatale. Une santé robuste est une preuve d'insouciance.

ABSOLUTE, *bas à Faulkland.*

Ne vas-tu pas te plaindre, parce qu'elle se porte bien?

ACRES, *en regardant l'appartement en sifflant.*

Vous êtes bien logé, Jack.

ABSOLUTE.

Pas mal.

FAULKLAND, *à Acres.*

Miss Julie avoit donc l'air contente?

ACRES.

Je vous en répond ; elle est vive & coquette....

FAULKLAND, *d'un ton de dépit.*

Cela ne m'étonne pas. Il y a dans le naturel de la femme, une coquetterie innée que rien ne peut corriger. (*à part.*) La perfide !

ABSOLUTE, *bas à Faulkland.*

Tu te fâches parce qu'on trouve ta maîtresse agréable ? Tu n'y songes pas.

FAULKLAND, *bas à Absolute.*

Suis-je aimable dans son absence ?

ABSOLUTE, *bas à Faulkland.*

Non ; tu es au contraire furieusement maussade.

ACRES, *bas à Absolute.*

Est-il malade ?

ABSOLUTE, *bas à Acres.*

Il se porte à merveille, mais la joie de savoir

Miss Julie heureuse, l'empêche de parler. (*à Faulkland.*) N'est-il pas vrai ?

FAULKLAND.

Ho...., sans doute.

ACRES.

Vous aurez une femme qui a bien des talens ; elle danse, elle chante, elle touche du *forte piano* comme un *démon ;* morbleu ! il y a un mois qu'elle gazouilloit au concert de Mistriss Tuller comme un rossignol.

FAULKLAND, *bas à Absolute.*

Toute entière à ses plaisirs, & jamais à son amant.

ABSOLUTE, *bas à Faulkland.*

La musique nourrit la tendresse.

FAULKLAND, *à Acres.*

Vous rappellez-vous quelques-unes de ses chansons ?

ACRES.

Non vraiment.

FAULKLAND.

Je gage qu'elle a chanté celle-ci : « absent de » l'objet aimé.....

ACRES.

Non, non, ce n'est pas cela....

ABSOLUTE.

C'est celle-ci : (*Il chante.*) « Vôles charmant » zéphir !... »

ACRES.

Encore moins..... La voici : (*Il chante.*) « Mon » cœur est libre, je ne veux pas aimer.... ».

FAULKLAND.

Fort bien, fort bien, n'en dites pas davantage. (*Bas à Absolute.*) L'ingrate ! qu'en dis-tu, mon ami ?

ABSOLUTE, *bas à Faulkland.*

Je voudrois que Lydia ressemblât à ta Julie.

FAULKLAND, *à Acres.*

Ne m'avez-vous pas dit, Monsieur, que Miss Melville danse à merveille ?

ACRES.

Oui, Monsieur, il falloit la voir au bal qu'il y eut à notre dernière course de chevaux (1) ; tout le monde admiroit sa légèreté.

FAULKLAND, *bas à Absolute.*

Je n'y tiens plus : elle dansoit pendant que je m'ennuyois pour lui plaire....

(1) Les courses de chevaux durent ordinairement pendant trois jours ; elles se tiennent dans des endrois éloignés de la capitale pour éviter la foule du peuple, & prévenir les accidens. On donne le soir des bals où s'assemblent les personnes les plus distinguées.

ABSOLUTE.

Calmes-toi; elle a dansé par complaisance.

FAULKLAND, *bas à Absolute.*

Je crois que tu as raison. (*A Acres.*) Nétoit-ce pas le ménuet qu'elle dansoit?

ACRES.

Fi donc; c'étoit parbleu des contredanses (1); elle parcouroit la colonne comme....

FAULKLAND.

Comme une évaporée. (*Bas à Abſolute.*) Excuse-la ſi tu peux. — Tu ne réponds pas?..... Ah! mon ami, je lui aurois paſſé le ménuet, même la contredanse françoise.... Mais nos maudites danses, où il y a vingt à trente couples qu'on prend par la main.... Non, je ne l'oublierai jamais! une femme modeſte les danse tout au plus avec ses oncles & ses tantes....

ABSOLUTE.

Ses ayeules & trisayeules.

FAULKLAND, *très-emporté.*

C'eſt l'amour qui anime les danseurs, l'air eſt enflammé de leurs soupirs, il devient électrique, il brûle, il dévore, il anéantit la conſtance, il... il....

---

(1) *Country-dance*, ou danse campagnarde. On la distingue, en Anglois, des contre-danses françoises, qu'on nomme *cotillons.*

Adieu. (*Montrant Acres.*) Cet imbécile s'apperçoit de mon trouble. (*Il fait quelques pas.*)

ABSOLUTE.

Remercies-le du moins de t'avoir si bien instruit.

FAULKLAND, *en sortant.*

Que le diable l'emporte.

ABSOLUTE.

Ha ! ha ! ha ! pauvre Faulkland ! voilà ce que c'est que d'être trop curieux.

ACRES.

On diroit qu'il est fâché contre moi, parce que j'ai fait l'éloge de sa maitresse.

ABSOLUTE.

Point du tout, il est seulement un tant soit peu jaloux....

ACRES.

De moi?

ABSOLUTE.

Oui, toutes les femmes rafollent de vous.

ACRES.

Tant pis, car j'appartiens à Miss Lydie sans partage; elle est bien jolie, mais elle est diablement fière : je sais pourquoi elle me rebute; c'est à cause de mon costume; mais parbleu, je l'attraperai bien. car je vais changer tous mes habits; je ferai retrécir mon froc de chasse, je réformerai mes culottes de peau, en un mot je m'habillerai à la mode; j'ai déja commencé par *moriginer* mes cheveux, ceux des faces sont encore un peu *rétifs*, mais ceux du *cadogan* sont assez bien *dressés*.

ABSOLUTE, *en riant.*

Vous finirez par être un élégant.....

ACRES.

Ma foi, j'en ai le projet, & si j'y réussis, *mort de César!* l'enseigne Beverley verra beau jeu; il aura bientôt de mes nouvelles.

ABSOLUTE.

Ce dessein annonce du courage. — Mais je remarque que vous avez aussi réformé votre manière de jurer.

ACRES.

Je gage que vous préférez cette dernière, elle est beaucoup plus agréable; je n'ai pas l'honneur de l'avoir inventée, elle appartient à un commandant de notre milice; oh! il est expert jureur; il connoît les sermens des anciens tout aussi bien que ceux des modernes; il aime mieux les premiers, parce que, dit-il, ils sont l'écho de la pensée, & que ces anciens, pour bien exprimer leurs idées, mettoient tout l'olympe à contribution. — Qu'en dites-vous? n'est-ce pas joli cela?

ABSOLUTE.

Plus que joli, cela me paroît fort savant....

SCENE V.

Les précédens, FAG.

FAG.

ON demande à parler à Monsieur.

ABSOLUTE.

Qui est-ce ?

FAG.

M. votre père....

ABSOLUTE.

Coquin ! tu n'a pas besoin de l'annoncer, pries-le bien vîte d'entrer. (*Fag sort.*)

ACRES.

Adieu, je vous laiſſe ; vous avez sans doute des affaires avec lui ; j'attends une réponse de Mistriss Malaprop, & de mon ami Sir Lucius O'Trigger : je vous reverrai ce soir, & nous boirons une douzaine de razades à l'honneur de ma chère Lydia.

ABSOLUTE.

De tout mon cœur. (*Acres sort.*) — Je vais subir une leçon de morale ; pourquoi n'est-il pas resté quelques semaines de plus en Devonshire ?...

SCENE VI.

ABSOLUTE, SIR ANTHONY.

ABSOLUTE.

JE suis bien aise, Monsieur, de vous voir avec une santé si brillante; ce voyage subit à Bath m'inquiétoit beaucoup.

SIR ANTHONY.

Oui, je m'imagine que cela vous occupoit infiniment. — Mais parlons de vos affaires; tu es ici à faire des recrus, n'est-ce pas?

ABSOLUTE.

Oui, Monsieur.

SIR ANTHONY.

Tant mieux. Je suis charmé que tu sois ici; j'allois t'écrire pour une autre affaire.... qui me regarde. — Ecoute Jack, je deviens vieux & infirme, & vraisemblablement je ne t'embarrasserai pas longtemps.

ABSOLUTE.

Ah! mon père, vous avez l'air de vous porter à merveille, puisse le Ciel vous maintenir dans cet état.

SIY ANTHONY.

Je souhaite qu'il exauce tes vœux. — J'ai considéré

sidéré, mon cher Jack, que la pension que je t'accorde, & tes appointemens sont une fortune bien mince pour un jeune homme comme toi.

ABSOLUTE.

Vous êtes trop bon, mon père.

SIR ANTHONY.

Je veux te voir dans l'aisance, je veux en un mot que tu sois indépendant.

ABSOLUTE.

Tant de générosité ajoute à ma reconnoissance, & rend mes devoirs plus sacrés.

SIR ANTHONY.

Ces sentimens me font plaisir : tu mérites la fortune que je te destine, & tu en jouiras avant peu de jours.

ABSOLUTE.

Ah ! mon père, comment vous exprimer tout ce que je sens à cet excès de bonté. — J'espère cependant que vous me permettrez de rester dans le service.....

SIR ANTHONY.

Ta femme en décidera....

ABSOLUTE.

Ma femme ?

SIR ANTHONY.

Oui ; ne t'ai-je pas dit que je te marie ?

ABSOLUTE.

Non, Monsieur.

SIR ANTHONY.

Je l'ai donc oublié ? — L'aisance que je te promets dépend de ce mariage, & cette circonstance te la rend sans doute plus précieuse....

ABSOLUTE.

Mais... je vous avoue... que vous m'étonnez beaucoup.

SIR ANTHONY.

Comment ! morbleu, tu changes de ton ? il n'y a pas deux minutes que tu paroissois très-satisfait.

ABSOLUTE.

J'ignorois les conditions....

SIR ANTHONY.

Parbleu, Monsieur, la meilleure affaire a ses inconvéniens ; tu voudrois jouir des faveurs de la fortune sans encourir ses caprices ?

ABSOLUTE.

J'y renonce, s'il faut exposer mon repos. — Mais peut-on savoir le nom de la dame ?

SIR ANTHONY.

Qu'est-ce que cela te fait ? elle me convient, & cela suffit.

ABSOLUTE.

Mon père....

SIR ANTHONY.

Point de replique : promets-moi de l'aimer & de l'épouser sur le champ.

ABSOLUTE.

Je ne puis raisonnablement vous promettre d'aimer une inconnue.

SIR ANTHONY.

Il est plus absurde de s'en défendre.

ABSOLUTE.

Je ne saurois vous obéir, Monsieur ; mon cœur est engagé avec la plus aimable des femmes.

SIR ANTHONY.

Ton cœur n'a qu'à s'excuser, & tu diras à ta maîtresse qu'un autre engagement t'empêche de remplir le sien.

ABSOLUTE.

Mais je lui ai donné mon amour.

SIR ANTHONY.

Qu'importes ? elle t'a donné le sien en échange, & vous voilà quittes.

ABSOLUTE.

Ah ! mon père, n'exigez pas un si grand sacrifice.

SIR ANTHONY.

Ecoute, Jack ; n'abuse pas de ma patience...... prends garde.... tu me connois ; tant que tu seras soumis, je serai indulgent..... mais si jamais tu refuses d'obéir.... je, je.... ne me pousse pas à bout, ou....

ABSOLUTE.

Je serois fâché de vous déplaire ; mais je vous le répète, Monsieur, je ne puis y consentir.

SIR ANTHONY.

Ventrebleu ! crains mon courroux.... si tu persistes.... tu ne seras plus mon cher Jack, & je t'appellerai *Monsieur*.

ABSOLUTE.

Vous me désespérez.....

SIR ANTHONY.

Je te défends de me répondre : donnes-moi ton consentement par un signe de tête.... m'entends-tu, mon cher Jack ? je veux dire M. l'impertinent.

ABSOLUTE.

Calmez-vous, mon père.

SIR ANTHONY.

Non, non....

ABSOLUTE.

Je ne puis vous promettre de m'attacher ainsi à... à quelque masse informe, peut-être.

SIR ANTHONY.

Fût-elle aussi laide qu'un singe, aussi difforme

qu'Esope, aussi sèche qu'une momie, dès que je te l'ordonne, je prétends être obéi ; je t'obligerai, s'il le faut, de veiller toute la nuit, pour composer des sonnets à sa gloire (1).

ABSOLUTE.

Quelle absurdité !

SIR ANTHONY.

Ne t'avise pas de me persiffler.

ABSOLUTE.

Je n'en eus jamais moins d'envie....

SIR ANTHONY.

Ho ! je connois ton sourire malin ; je sais que tu te mocqueras de ton père aussi-tôt qu'il aura tourné le dos.

ABSOLUTE.

Mon respect vous est garant du contraire, Monsieur....

SIR ANTHONY, *fort en colère.*

Point d'emportement, Monsieur, point de colère.

ABSOLUTE.

Je ne fus de ma vie plus tranquille.

---

(1) Allusion à une certaine femme très-riche, mais très-laide, veuve d'un Pair d'Irlande, qui, à l'époque où cette pièce parut, venoit d'épouser un jeune militaire d'une très-jolie figure.

SIR ANTHONY.

Cela n'est pas vrai : tu enrages, je le sais, je le vois ; mais tu as beau te dépiter, tu n'y gagneras rien.

ABSOLUTE.

Je vous jure....

SIR ANTHONY, *très-emporté.*

Je te vois tout prêt d'éclater, mais tu n'oses ; sois calme comme moi, la colère ne sert à rien, elle ne t'avancera pas d'un cran....

ABSOLUTE.

De grace, mon père, écoutez-moi.

SIR ANTHONY.

Non, non, tu es un insolent, un ingrât, un rebelle, tu te reposes sur ma douceur naturelle, mais tu as tort ; je t'accorde six heures & demie ; si tu rentres dans ton devoir, peut-être obtiendras-tu ton pardon, sinon je te déshérites, je te chasse, je te force à habiter un autre hémisphère, & tu ne seras plus mon fils, tu ne seras plus mon cher Jack. (*Il sort.*)

ABSOLUTE.

Mon bon & tendre père, je vous baise les mains. Quel emportement ! s'il croit m'attendrir par les menaces, il se trompe beaucoup ; la douceur, voilà les armes auxquelles on ne résiste pas. — Je n'ose lui confier mon secret, & je voudrois pénétrer le sien.... je suis curieux de connoître l'objet charmant qu'il me destine.... c'est sûrement quelque vieille radoteuse.... hazardons-nous à lui nommer celle que j'adore.... r'appellons-lui que c'est l'amour qui l'a uni autrefois à ma mère; peut-être s'attendrira-t-il; il a été jeune, & même très-aimable. Mais que me veut Fag?

SCENE VII.

ABSOLUTE, FAG,

FAG.

AH! Monsieur, Sir Anthony m'a effrayé. Quelle colère! il descendoit huit marches à la fois, il grondoit, il murmuroit, il donnoit de grands coups sur la rampe de l'escalier; je me suis trouvé sur son chemin avec le chien du cuisinier; il m'a appliqué un coup de canne qu'il m'a enjoint de vous remettre, & a donné au pauvre *Patau* un grand coup de pied, qui l'a fait dégringoler jusques dans la cave. En vérité, Monsieur, si j'avois un père d'aussi mauvaise compagnie, je romperois toute société avec lui.

ABSOLUTE, *le pousse violemment.*

Retires-toi, tes propos m'ennuient. (*Il sort.*)

FAG.

Fort bien : son père le gronde, il en enrage, & c'est sur moi qu'il évapore son *Spleen*. Quelle injustice ! c'est ainsi que le puissant accable toujours le plus foible.....

SCENE VIII.

FAG, *un* MARMITON.

Le MARMITON.

M. Fag, M. Fag, votre maître vous demande.

FAG.

Tais-toi, petit polisson ; où est la nécessité de faire tant de bruit ?

Le MARMITON.

Dépêchez-vous, il vous a déja appellé plusieurs fois.

FAG.

Je crois que ce faquin prétend m'enseigner mon devoir ? .... (*Il lui donne quelques coups de pieds.*) Apprends une autre fois à me respecter. (*Il sort.*)

Le MARMITON.

Attends que je sois grand, je me vengerai sur les autres. (*Il sort.*)

SCENE IX.

Le Théatre représente la place de la Parade du Nord.

LUCY.

MA liste s'est accrue d'un autre rival. Fort bien ; le Capitaine Absolute me paroît une assez bonne proie : mais avant de l'inscrire formellement, il faut qu'il en ait dit quelque chose à ma bourse. — Enfin, voilà donc le pauvre Acres congédié, je l'ai servi jusqu'à la fin ; c'est moi qui l'ai instruit de l'intrigue de Miss Lydia avec l'Enseigne. — Sir Lucius tarde bien à venir ; quand il attend des lettres de sa divine *Delia*, il est ordinairement plus exact. — J'ai bien quelque scrupule de le tromper..... Mais, si je lui dis la vérité, adieu aux cadeaux. — Ah ! j'apperçois mon héros.

SCENE X.

LUCY, SIR LUCIUS O'TRIGGER.

SIR LUCIUS.

HÉ bien, ma petite ambassadrice? Avez-vous quelque chose pour moi? Je vous cherche depuis une heure au sud de la Parade.

LUCY, *d'un ton niais.*

Et moi, au nord.

SIR LUCIUS.

Voilà ce qui nous a empêché de nous rencontrer. Je ne conçois pas comment vous m'avez échappé, je me suis *endormi* près de la *fenêtre du café*, pour mieux vous *observer* (1).

LUCY.

Je gage un shelling que j'ai passé pendant votre sommeil.

SIR LUCIUS.

Rien de plus probable. Je ne *revois* jamais qu'il étoit si *tard*, qu'au moment où je me suis éveillé. M'apportez-vous une lettre?

LUCY.

Oui : la voici.

(1) Les Irlandois commettent en général ces fautes de construction en parlant.

SIR LUCIUS.

Voyons ce que me dit ma tendre *Delia*. (*Il lit.*) « Monsieur, il y a souvent un *motif subit* dans » l'*impulsion* de l'amour qui établit une plus *ample* » *possession* que les *combinaisons* de plusieurs années » de connoissance ; telle fut la *commotion* que j'é- » prouvai à notre première entrevûe ». (L'aimable personne ! Quelle innocence !) (*Il continue.*) « La » *ponctualité féminine*, m'empêche d'en dire davan- » tage ; permettez-moi cependant d'ajouter, que je » ressens un plaisir *ineffaçable* de trouver que Sir » Lucius O'Trigger est digne des dernières preuves » de mes affections pour lui ». *Delia*. — Sur mon honneur, votre maîtresse, Lucy, possède parfaitement sa langue. C'est la *Reine* de la grammaire, tous les mots lui obéissent, sans savoir même leur emploi.

LUCY.

Ah ! Monsieur ! c'est qu'elle a beaucoup d'expérience.

SIR LUCIUS.

Quoi ! à dix-sept ans ?

LUCY.

Vous oubliez qu'elle lit du matin au soir.

SIR LUCIUS.

Elle a véritablement le style d'un savant ; il est profond & obscur.

LUCY.

Il faudroit l'entendre, lorsqu'elle parle de vous.

SIR LUCIUS.

Assurez-la que je lui en témoignerai ma reconnoissance, quand je serai son époux. — Mais il faut absolument que la vieille tante consente à notre hymen.

LUCY.

Je ne vous croyois pas assez riche, pour être aussi difficile.

SIR LUCIUS.

C'est la nécessité qui force à éviter les mauvais marchés. Si je n'avois pas besoin d'argent, j'enleverois votre maîtresse avec plaisir. — Tenez, mon enfant, quoique je ne sois pas bien riche, j'ai encore de quoi vous donner pour acheter quelques rubans : venez me voir ce soir, je préparerai la réponse à ce billet. (*Il l'embrasse.*) Voilà pour vous en faire souvenir.

LUCY.

Ah ! Sir Lucius ! si ma maîtresse voyoit cela, elle ne vous aimeroit plus.

SIR LUCIUS.

Vous vous trompez : toutes les femmes louent la *modestie*, mais elles ne l'aiment pas. Dites à votre maîtresse que je vous ai donné cinquante baisers.

LUCY.

Vous voulez donc me faire mentir ?

SIR LUCIUS, *il l'embrasse de nouveau.*

Non.... je veux.... que vous lui désiez la vérité....

LUCY.

Ah ! ciel ! voilà quelqu'un.

SIR LUCIUS.

Je me charge du blâme. (*Il sort en chantant.*)

SCENE XI.

LUCY, FAG.

FAG.

A merveille ! Mistriss Lucy ! à merveille !

LUCY.

Vous arrivez comme un coup de vent.

FAG.

Laissez un peu votre air de simplicité ; nous sommes seuls, & nous pouvons parler sans détours. — J'ai tout vu, & tout entendu.....

LUCY, *d'un air décidé.*

Qu'avez-vous vu ?....

FAG.

Une lettre donnée à l'Hibernien. Oh ! je vais en instruire mon maître : vous serez la cause d'un duel.

LUCY.

Là, là : comme vous vous emportez ; imbécile ! cette lettre est de Mistriss Malaprop, elle est éperduement amoureuse de Sir Lucius.

FAG.

Vous plaisantez ; mais on ne doit point s'étonner

des caprices des femmes ; j'ai passé vingt fois sous ses fenêtres, & jamais elle n'a paru me remarquer. — Mais que dit votre jeune maîtresse? Avez-vous quelques nouvelles pour nous?

LUCY.

De très-mauvaises ; Sir Anthony propose son fils à Miss Lydia....

FAG.

Qui? le Capitaine Absolute?

LUCY.

Oui ; il est bien plus dangéreux que M. Acres.

FAG.

Ha! ha! ha! ha! Adieu, Lucy ; je vais apprendre cette nouvelle à mon maître.

LUCY.

Dites à ce pauvre Beverley qu'il n'a rien à craindre....

FAG, *en riant.*

Il va se désespérer.

LUCY.

Empêchez-le de se battre avec ce nouveau rival.

FAG, *en s'en allant.*

Je n'en réponds pas ; mais, en tout cas, le duel ne sera pas sanglant.

LUCY.

Allons bien vîte, consoler la pauvre Miss Languish. *(Elle sort.)*

Fin du second Acte.

ACTE III.

La Scène est comme ci-devant.

SCENE PREMIERE.

LE CAPITAINE ABSOLUTE.

FAG m'a dit vrai, c'est Lydia que mon père me destine : s'il eût été moins emporté, & moi plus docile, il m'en auroit instruit. Comment réparer ma faute ?... Feignons une entière soumission..... Mais ce retour si soudain deviendra suspect..... Tâchons de lui persuader qu'il est sincère. — Je l'apperçois, il a l'air fâché. — Retirons-nous pour mieux l'observer. (*Il se met à l'écart.*)

SCENE II.

ABSOLUTE, SIR ANTHONY.

SIR ANTHONY.

LUI pardonner ? non : je mourrois avant de..... mais pourquoi mourir ? vivons plutôt pour le faire enrager. — C'est une obstination épouvantable. A qui s'adressera-t-il dans sa dètresse ? il va bientôt se voir assailli par mille besoins. — Voilà cependant le prix de la préférence que je lui ai donnée sur mes autres enfans; je l'ai mis au service à l'âge de douze ans; je lui ai donné cinquante guinées par an, au-delà de ses appointemens; je l'ai chéri.... je l'ai .... n'y songeons plus; je ne le reverrai jamais .... non, jamais, jamais ....

ABSOLUTE, *à part, en s'approchant.*

Affectons un air contrit.

SIR ANTHONY.

Otes-toi de ma vue....

ABSOLUTE.

Ah! mon père, vous voyez un fils....

SIR ANTHONY.

Un fils rebelle....

ABSOLUTE.

Daignez excuser mon erreur, je viens la réparer...

SIR ANTHONY.

Quoi? que me dis-tu?

ABSOLUTE.

Je me soumets à vos volontés; votre tendresse, vos bontés passées, mes devoirs, votre autorité, tout m'engage à vous obéir.

SIR ANTHONY.

Tant mieux, jeune homme, tant mieux.

ABSOLUTE.

Je sacrifie mes goûts à votre inclination....

SIR ANTHONY.

Voilà ce qui s'appelle parler avec bon sens, pour le coup te voilà raisonnable : viens mon enfant, tu es de nouveau mon cher Jack.

ABSOLUTE.

Que ce nom a des charmes pour moi ! ...

SIR ANTHONY.

Oui, mon ami, tu es mon fils, mon cher, mon bien aimé Jack ; je te nommerai la personne que je te destine, tes emportemens m'en ont empêché. — Prépares-toi à la plus grande surprise...... Que penses-tu de Miss Lydia Languish ?

ABSOLUTE.

Je ne la connois pas.

SIR ANTHONY.

Tu l'as vu chez moi avec sa tante la veille de ton départ pour ton régiment. Tu te souviens de Mistriss Malaprop.

ABSOLUTE.

Non, mon père ; je ne me rappelle pas d'avoir jamais entendu ce nom. — Celui de Miss Languish ne m'est pas absolument inconnu : ne louche-t-elle pas un peu ? n'a-t-elle pas une certaine couleur de cheveux.....

SIR ANTHONY.

Elle n'est morbleu, ni rousse, ni louche.

ABSOLUTE.

Ce n'est donc pas la même.

SIR ANTHONY.

Ah! Jack! que penses-tu d'une jeune personne de dix-sept ans, fraîche comme la rose?...

ABSOLUTE.

Pourvu qu'elle vous plaise, le reste m'est indifférent.

SIR ANTHONY.

Ah! mon ami, quels yeux! quels traits! on y lit un timide embarras, une tendre innocence; chacun de ses regards allume les feux de l'amour; elle a des joues vermeilles où folâtrent les desirs, des lèvres qui sourient à leur propre sagesse; un col aussi blanc que l'albâtre...., Ah! mon cher Jack, rien n'égaera ton bonheur.

ABSOLUTE.

Est-ce la tante ou la nièce que vous me destiné?

SIR ANTHONY.

Morbleu! une telle insouciance me désole. A ton âge, un tel portrait m'eût enlevé comme une fusée volante. La tante! la tante! ah! parbleu lorsque j'ai enlevé ta mère, je n'aurois pas regardé une femme vieille ou laide pour tout l'or du monde....

ABSOLUTE.

Pas même pour plaire à votre père ?...

SIR ANTHONY.

Non, morbleu. — Oh ! oui, mon père... mon père.... s'il l'avoit absolument exigé.... je lui aurois obéi, quoiqu'il ne fût pas, à beaucoup près, aussi indulgent que moi.

ABSOLUTE.

Oh ! je le crois.

SIR ANTHONY.

Dis-moi, Jack ? tu n'es pas fâché d'apprendre que ta future est belle, n'est-ce pas ?

ABSOLUTE.

Je ne recherche dans cet hymen que votre satisfaction ; cependant le préjugé étant en faveur de la beauté, j'aime autant que ma femme soit jolie que laide.

SIR ANTHONY.

Est-ce là le propos d'un militaire ? tu n'es qu'un automate, qu'une buche ambulante décorée d'un uniforme. — Parbleu, il me prend envie de l'épouser.

ABSOLUTE.

Tout comme il vous plaira, mon père ; si vous prenez la nièce, je m'accommoderai de la tante.

SIR ANTHONY.

Tu es un fourbe ; cette grande indifférence me paroît suspecte. — Allons, sois sincère, avoues-moi franchement que tu joues l'hypocrite, je te le pardonnerai plutôt que ton mauvais goût.

ABSOLUTE.

Je suis fâché que vous méconnoissiez mon respect.....

SIR ANTHONY.

Le diable emporte ton respect. — Suis-moi, je te présenterai à Mistriss Malaprop : tu verras ta belle future ; ses yeux auront peut-être la vertu du flambeau de Promethée ; si tu ne change pas d'avis en les voyant, je te renonce pour mon fils, & je l'épouse moi-même. (*Ils sortent.*)

SCENE III.

Le Théatre représente l'appartement de Julie.

FAULKLAND.

JULIE n'arrive pas. On m'a dit cependant qu'elle ne tarderoit pas à revenir..... Je rougis de mes caprices. Est-il possible que j'afflige l'objet de mes plus tendres vœux ! — Je connois mes défauts & ne puis m'en corriger. — Quelle joie ! quel empressement exprimoient ses regards ! & quelle indifférence dans les miens ! — Heureusement que Sir Anthony étoit présent à notre entrevue, sans cela je l'aurois grondée, car j'y étois allé dans ce dessein.... Elle n'a pas été aussi dissipée qu'on me l'a dit.... tant mieux..... Ah ! la voici..... oui, c'est elle.... je connois la légèreté de sa marche, lorsqu'elle sait que je l'attends.

SCENE IV.

JULIE, FAULKLAND.

JULIE.

JE n'osois pas me flatter de vous revoir sitôt.

FAULKLAND.

Ah ! ma chère Julie ! après l'absence un tiers est bien incommode.

JULIE.

Votre air sérieux me faisoit craindre tantôt, que vous ne fussiez changé à mon égard; convenez que vous me boudiez !

FAULKLAND.

Avois-je sujet de vous bouder ?

JULIE.

Non; mais vous avez beau vous en défendre, je suis sûre que quelque chose vous a déplu.

FAULKLAND.

Je conviens que le plaisir de vous voir a été mêlé de quelques peines : M. Acres m'a raconté tous vos amusemens pendant mon absence. — Ah ! ma chère amie ! mon amour pour vous ne souffre aucun partage ; si quelque chose pouvoit me distraire loin de vous, je me le reprocherois comme une offence ; lorsque deux amans se séparent, les larmes qui mouillent leurs yeux, doivent en bannir le rire du plaisir, & ce n'est qu'en se rejoignant qu'ils peuvent briller d'un nouvel éclat.

JULIE.

Faudra-t-il sans cesse vous reprocher vos caprices? Quoi! les discours d'un grossier campagnard font plus d'effet sur votre cœur que toutes les preuves de ma tendresse.

FAULKLAND.

J'ai méprisé ses propos, je suis heureux si vous l'avez été; convenez seulement que vous avez chanté sans plaisir, que vous avez dansé par complaisance, & je serai content.

JULIE.

Pouvez-vous en douter? tout amusement m'est insipide, quand vous ne le partagez pas. Si quelque fois je montre un air satisfait, c'est vous qui l'inspirez : la certitude d'être aimée de vous, fait alors mon bonheur. Un autre maintien flatteroit vos rivaux; ils croiroient que vous ne méritez pas ma tendresse. Combien de fois n'ais-je pas caché mes chagrins sous le voile du plaisir, pour dérober à tous les yeux les larmes, que vos injustes soupçons me faisoient verser?

FAULKLAND.

Je suis convaincu de vos sentimens pour moi.

JULIE.

Si je pouvois jamais changer, je serois coupable de la plus noire ingratitude....

FAULKLAND.

N'achevez pas, vous me percez le cœur. Pourquoi ai-je eu le malheur de vous être utile? ah! je ne le vois que trop, ce n'est pas l'amour, c'est la reconnoissance qui dicte votre choix.

JULIE.

Sur quoi voulez-vous qu'il soit fondé?

FAULKLAND.

Sur les qualités de mon cœur; tout autre motif blesse ma délicatesse : je voudrois être difforme...

JULIE.

Fussiez-vous doué de tous les charmes d'Adonis, je ne vous en aimerois pas davantage.

FAULKLAND.

Si vous desirez en moi d'autres charmes, vous ne m'aimez pas.

JULIE.

Vous abusez des droits que vous a donnés le consentement de mon père.

FAULKLAND.

Vous justifiez mes doutes, Madame; oui, ces droits vous affligent, ils font mon bonheur..... j'en suis fier..... mais.....je m'apperçois que le choix de votre père vous dép'aît.... Le respect seul vous retient... peut-être même regrettez-vous quelqu'autre objet.... à qui vous auriez donné la préférence, si vous en aviez la liberté....

JULIE.

Rendons-nous mutuellement notre promesse, & voyons après cela ce que nous dictera notre cœur.

FAULKLAND.

Perfide! vous arrachez le bandeau qui m'aveugloit.....

JULIE, *elle fait quelques pas.*

Je ne puis soutenir ce cruel langage....

FAULKLAND.

Arrêtez! ... pardonnez à l'excès de mon amour; si je vous aimois moins, je ne me plaindrois pas.... Sachez la cause de tant de craintes: les femmes confondent souvent les froides impulsions de la sagesse, du devoir, de la reconnoissance, avec les affections délicates du cœur; mon âge, ma figure, ma fortune, sont assez convenables; mais Julie, quand l'amour n'est fondé que sur de tels rapports, j'attache peu de prix à ses faveurs.

JULIE.

A quoi bon tous ces propos? vous ne voulez que m'insulter, mais je vous en épargnerai la peine, & peut-être le regret.... (*Elle sort en pleurant.*)

FAULKLAND.

Elle pleure ; arrêtez ! de grâce écoutez - moi. (*Il heurte à la porte.*) — Mais la porte est fermée. — Julie ! ma chère Julie ! — Un mot seulement ? — Ah ! ciel ! je l'entends sanglotter. — Pourquoi l'ai-je chagrinée ? (*Il écoute à la porte.*) — Je crois qu'elle revient. — Voilà bien les femmes, elles nous fuient pour être rappellées. — (*Il écoute de nouveau.*) — Mais elle ne vient pas.... que ferai-je ? — Miss Julie ! ma chère Julie ?... dites-moi que vous me pardonnez, & je pars .... point de réponse .... c'est être par trop obstinée... Ah ! la voici.... Cette fuite n'étoit qu'une feinte ; elle n'aura pas le plaisir de voir mon embarras..... j'affecterai la plus grande indifférence. (*Il fredonne un air, & puis retourne à la porte.*) — Ce n'étoit pas Julie qui marchoit .... elle m'a peut-être déja oublié .... je l'ai mérité : si je retombe jamais dans la même faute, que je sois uni à une vieille acariâtre, dont les desirs brûlans me fassent maudire ma destinée.

(*Il sort.*)

SCENE V.

Le Théatre représente l'appartement de Mistriss Malaprop.

MISTRISS MALAPROP, LE CAPITAINE ABSOLUTE.

MIST. MALAPROP, *une lettre à la main.*

IL suffit, Monsieur, que vous soyez le fils de Sir Anthony Absolute, pour n'avoir pas besoin d'autres recommandations; je m'apperçois que vous méritez tout ce que cette lettre renferme d'obligeant.

ABSOLUTE.

N'ayant pas l'avantage de connoître Miss Languish, je n'envisage dans cet hymen que l'honneur d'être allié à Mistriss Malaprop; votre amabilité, vos qualités intélectuelles, & toutes vos autres vertus, Madame, vous rendent célèbre dans toute l'Angleterre.

MIST. MALAPROP.

Ah! Monsieur, vous m'*atteré* par vos bontés. (*Ils s'asseient.*) Asseyez-vous, Monsieur. — Peu d'hommes, dans ce siècle, peuvent apprécier le mérite *transcendant* des femmes; ils négligent d'*encenser* l'esprit, pour n'*adorer* que la beauté.

ABSOLUTE.

C'est la faute de votre sexe, Madame ; souvent il oublie que le fruit doit succéder à la fleur ; tous les arbres ne sont pas aussi merveilleusement partagés que le vôtre ; semblable à l'oranger, le fruit & la fleur le parent en même temps.

MIST. MALAPROP.

Vous me comblez, Monsieur. — Vous êtes le véritable *ananas* (1) de la civilité. — Je ne puis mieux vous témoigner ma reconnoissance qu'en vous apprenant que ma nièce s'est éprise d'un jeune étourdi, d'un petit Enseigne que personne de notre famille n'a jamais ni vu, ni connu....

ABSOLUTE.

J'en ai entendu parler, Madame....

MIST. MALAPROP.

J'espère que cette circonstance ne rompra point mes projets?

ABSOLUTE.

En aucune manière.....

MIST. MALAPROP.

Tant mieux, Monsieur, vous la ramenerez bientôt à la raison. Depuis l'*explosion* de cette affaire, j'ai *interposé* toute mon autorité pour la détacher de ce jeune homme ; je lui ai même fait part du des-

(1) Fruit très-rare & très-estimé.

sein de Sir Anthony, mais elle s'obstine à sa passion.

ABSOLUTE.

C'est un malheur.....

MIST. MALAPROP.

Qui me donne des vapeurs. — Je me flattois qu'après lui avoir *inculqué* ses devoirs elle romproit au moins sa correspondance avec lui; mais je viens de surprendre le billet que voici..,. (*Elle fouille dans ses poches.*)

ABSOLUTE, *à part.*

Ah, Lucy! tu m'as trahi.

MIST. MALAPROP, *en lui donnant le billet.*

Voyez, Monsieur, peut-être vous connoîtrez cette écriture?

ABSOLUTE, *à part.*

C'est mon dernier billet. (*Haut.*) Elle ne m'est pas absolument inconnue.

MIST. MALAPROP.

Lisez, lisez; je n'ai rien de caché pour mon futur neveu.

ABSOLUTE, *lit.*

« La nouvelle dont vous me faites part m'inquiette » autant que mon nouveau rival....

MIST. MALAPROP.

C'est de vous qu'on parle.

ABSOLUTE.

» Il a la réputation d'être fort dangereux auprès » des femmes.... ». C'est un éloge très-flatteur.

MIST. MALAPROP.

J'y entrevois de la malice.

ABSOLUTE.

Et moi aussi.

MIST. MALAPROP.

Continuez.

ABSOLUTE.

» Quant au vieux dragon ». — Qui est-il ?

MIST. MALAPROP.

Moi, Monsieur, moi ; que pensez-vous de cette insolence ?

ABSOLUTE.

Elle est attroce. — » Je saurai tromper sa vigi- » lance ; je flatterai sa ridicule vanité, j'applaudirai » à ses *phrases in-intelligibles*, qu'elle ne comprend » pas plus que ceux qui ont l'ennui de les entendre....

MIST. MALAPROP.

Avoir l'impertinence d'attaquer mon *érudition* ? & cela parce que je ne hais rien tant dans le monde que le *dérangement* d'une *construction informe*, ou l'usage indiscret d'une élégante *épitaphe*.

ABSOLUTE.

Vous avez raison, Madame ; une bonne épithète

a bien son mérite. Mais voyons la suite de cette belle épître. » Sa ridicule vanité ....

MIST. MALAPROP.

Vous pouvez vous épargner les répétitions....

ABSOLUTE.

Pardon, Madame. » L'expose aux sarcasmes de » ses adulateurs ». — Quelle impertinence ! » Et je » profiterai de cette foiblesse pour m'introduire » chez vous : la vieille folle se croira trop heureuse » d'être la médiatrice de cette entrevue ». — Voilà un grand fat.

MIST. MALAPROP.

Dites plutôt un insolent. Il trompera ma vigilance ? c'est ce qu'il faudra voir.....

ABSOLUTE.

Certainement, Madame, c'est ce qu'il faudra voir.... Ha ! ha ! Parbleu ! nous attraperons ce Monsieur l'avantageux. Ha ! ha ! nous userons de stratagême pour le punir. — Ecoutez, Madame ? Feignons d'ignorer cette correspondance ; j'enleverai votre nièce sous le nom supposé de Beverley, le rendez-vous sera à minuit, les ténèbres nous seconderons, & l'aurore du lendemain, lui fera connoître son erreur.

MIST. MALAPROP.

Le projet est admirable : jamais on n'inventa un pareil tour.

ABSOLUTE.

Ne pourrois-je pas voir votre nièce ? Je sonderois un peu ses sentimens pour moi.

MIST. MALAPROP.

Je crains que n'étant pas préparée à recevoir une telle visite, elle ne refuse de paroître ; on garde ordinairement un certain *decorum* dans ces sortes d'affaires.

ABSOLUTE.

Dites-lui que Beverley.... (*à part.*) Soyons circonspects ?

MIST. MALAPROP.

Quoi ?

ABSOLUTE.

Faites-lui croire que Beverley l'attend.

MIST. MALAPROP.

Elle mérite qu'on lui joue ce tour. Vous avez vu comme il se flatte d'obtenir mon aveu pour la voir. Ha ! ha ! ha ! il sera puni de sa témérité. — Je leur apprendrai à se moquer de moi. Attendez, je vais l'appeller. (*Elle s'approche de la coulisse.*) — Lydia ! — Lydia ! descendez vîte ? (*Elle revient.*) Ils comptent m'engager à être la médiatrice de leurs entrevues, nous verrons cela. (*Ils rient.*) Je ne m'étonne pas que vous en riez aussi ; car, en honneur, l'aventure est vraiment comique.

ABSOLUTE, *il fait de grands éclats de rire.*

Elle est.... tout-à-fait..... originale....

MIST. MALAPROP, *en riant autant qu'Absolute.*

J'en rirai.... bien.... long-temps. Mais Lydia ne vient pas. — Je vais la chercher moi-même, je lui apprendrai à vivre. (*En s'en allant.*) Ils se flattent d'éluder ma vigilance ; ils n'y parviendront jamais.

ABSOLUTE.

Ha ! ha ! ha ! ha ! le tour est admirable. — Tout semble concourir à me rendre heureux : cependant, je crains encore les caprices de Lydia, si je la détrompe trop tôt, je risque de la perdre pour toujours. — La voici : observons-là un instant.

(*Il fait semblant de regarder les tableaux.*)

SCENE VI.

ABSOLUTE, LYDIA.

LYDIA.

QUELLE cruauté ! comment soutiendrai-je le langage importun d'un amant odieux ? Mais n'y a-t-il pas d'exemple qu'on ait imploré en pareille occasion, la générosité de son persécuteur ? Pourquoi ne chercherois-je pas la même ressource ? (*En regardant Absolute.*) Le voilà, cet homme que je hais..... Il est donc militaire comme Beverley.... Son silence m'étonne.... Il n'est guères empressé.... Parlons. — M. Absolute....

ABSOLUTE, *se tourne vers elle.*

Madame.....

LYDIA.

Ah, ciel ! c'est Beverley.....

ABSOLUTE.

Paix, paix, ma chère amie....

LYDIA.

Je n'ose en croire mes yeux ; comment avez-vous pu pénétrer jusqu'ici ?

ABSOLUTE.

Je savois que le Capitaine devoit vous voir ce soir ; je l'ai écarté sous un faux prétexte, & me suis présenté chez votre tante sous son nom.

LYDIA.

Quel bonheur !

ABSOLUTE.

Ne perdons point de temps, fixons l'heure de notre fuite, & formons les liens qui doivent nous unir à jamais....

LYDIA.

Vous renoncez donc à ma fortune ?

ABSOLUTE.

La fortune n'est qu'un fardeau pour l'amour. Votre cœur est mon trésor, ma tendresse sera votre douaîre.

LYDIA.

L'indigence avec vous, aura pour moi des charmes.

ABSOLUTE.

Nos jours s'écouleront dans une honnête pauvreté ; l'amour sera notre seul appui. Ah ! ma chère Lydia ! nous l'adorerons, nous renoncerons pour lui à l'opulence & aux plaisirs qu'elle procure, nous lui consacrerons nos veilles & notre repos ; fiers de notre misère, nous mépriserons les richesses, & lorsque la noire vapeur de l'adversité s'épaissira autour de nous, le flambeau de l'amour nous prêtera sa lumière. Ah ! ma chère, ma tendre Lydia !

(*Il l'embrasse.*) Jugez du bonheur qui nous attend! (*à part.*) Si elle résiste à cela je n'ai plus d'espoir.

LYDIA.

Vous savez, Beverley, que je vous suivrai jusqu'aux *Antipodes*; mais il n'en est pas encore temps.....

SCENE VII.

Les précédens, MISTRISS MALAPROP, *entre sans être apperçue.*

MIST. MALAPROP, *à part.*

JE suis curieuse de voir comment elle se conduit avec lui....

ABSOLUTE.

Pourquoi cet air rêveur? votre ardeur seroit-elle rallentie?

MIST. MALAPROP, *à part.*

Elle a sans doute été en colère....

LYDIA.

Non, mes feux seront éternels.

MIST. MALAPROP, *à part.*

Quelle méchanceté!

LYDIA.

Croyez que ni les vœux, ni les menaces, ni les

prières de ma ridicule tante, n'auront jamais aucun empire sur mon cœur....

MIST. MALAPROP, *à part.*

L'aimable nièce !

JULIE.

Qu'elle protége tant qu'il lui plaira son cher Capitaine, mon cœur est à Beverley.

MIST. MALAPROP, *à part.*

Oser lui faire un tel aveu ! quelle insolence !

ABSOLUTE, *se jette aux pieds de Lydia.*

Comment vous témoigner la.....

MIST. MALAPROP, *s'avance.*

Je n'y tiens plus. (*A Lydia.*) N'êtes-vous pas honteuse.....

LYDIA.

Ah, ciel !

ABSOLUTE, *à part.*

Nous sommes perdus !

MIST MALAPROP.

J'ai tout entendu. (*A Absolute.*) Ah ! Monsieur ! comment pourrai-je excuser ses caprices ?

ABSOLUTE, *à part.*

Je respire ! (*haut.*) Ah ! Madame ! laissez m'en le soin, je parviendrai peut-être à l'attendrir.

MIST. MALAPROP.

Je n'ose m'en flatter, Monsieur, elle est aussi obstinée qu'une *allégorie sur les bancs du Nile*.

LYDIA.

Quel est mon crime, Madame.

MIST. MALAPROP.

Quoi! vous aimez.... & vous osez l'avouer à Monsieur?..... Vous ne rougissez pas même de l'assurer qu'un autre n'obtiendra jamais votre main.

LYDIA.

Moi! Madame? je ne lui ai jamais tenu ce langage.

MIST. MALAPROP.

Ah, ciel! quelle effronterie! Ne venez-vous pas de vous vanter de votre penchant pour Beverley?

LYDIA.

Oui, Madame, & de plus.....

MIST. MALAPROP.

N'en dites pas d'avantage.....

ABSOLUTE.

Pourquoi? Ce langage flatteur ne m'offense pas....

MIST. MALAPROP.

Vous êtes trop bon, Capitaine. — Suivez-moi, Mademoiselle. — Adieu, Monsieur, j'espère vous revoir bientôt; n'oubliez pas notre projet.

ABSOLUTE.

Comptez sur tout mon zèle, Madame.

MIST. MALAPROP, *à Lydia.*

Prenez congé de Monsieur, avec cet air gracieux qui convient en pareille occasion.

LYDIA.

Puisse le ciel combler de ses bienfaits, mon cher Beverley....

MIST. MALAPROP, *lui met la main sur la bouche.*

Insolente! j'étoufferai ces indignes vœux.

(*Elle l'emmène; Lydia le regarde, & Absolute lui baise la main en se retirant d'un autre côté.*

SCENE VIII.

Le Théatre représente l'appartement d'Acres.

ACRES, DAVID.

ACRES, *il achève sa toilette.*

Me trouves-tu bien comme cela, David?

DAVID.

Oh! Monsieur! vous êtes une toute autre créature; avant peu nous verrons votre portrait chez tous les marchands d'estampes de Bath, avec cette inscription: « Voici le petit-maître de Devonshire ».

ACRES.

Ce sont les plumes qui font l'oiseau, David.

DAVID.

Cela est si vrai, Monsieur, que si vous alliez, dans cette parure, à *Clod Hall*, la vieille Concierge ne vous reconnoîtroit pas; le Maître-d'hôtel seroit ébloui; notre fille de basse-cour se mettroit à la porte du poulailler pour vous regarder, & *Dolly Tester*, votre favorite, seroit aussi rouge que ma veste, du plaisir de vous voir si beau. — Je gage que tous nos chiens abboyeroient après vous, comme après un étranger, & je doute même que *Philis* remuât la queue à votre approche.

ACRES, *fait un éclat de rire.*

Tu as.... raison..... David..... Il n'y a rien de tel que d'avoir le poli.

DAVID.

Aussi je le recommande toujours, quand on nettoie vos bottes.

ACRES.

Dis-moi, David, M. de la Grace, le maître à danser, est-il venu? Il faut qu'il me fasse répéter mon *balancé*, mon pas de *rigaudon*, & mon *soutenu*.

DAVID.

Je ne l'ai pas vu, mais je vais l'avertir que vous l'attendez.

ACRES.

Passe en même-temps à la poste, & vois s'il n'y a pas de lettres pour moi.

DAVID.

Fort bien, Monsieur. — Par Saint-George! je ne puis me lasser de regarder votre tête; si je n'avois pas assisté à l'opération, je ne croirois jamais que c'est la vôtre. (*Il sort.*)

ACRES.

Tant mieux. (*Il fait quelques pas de danse.*) *Ployé.* — *Coupé.* — *Glissé.* — Maudit soient les contredanses françoises! elles sont aussi difficiles pour nous autres campagnards, que les figures de l'algèbre. — Je marcherois assez proprement le menuet; je suis un assez bon *pillier* pour nos contredanses angloises, mais parbleu je me perds dans ce labyrinthe des danses françoises. — *Croisez.* — *Figurez en dedans, tournez à droite, faites votre molinet à gauche.* — Morbleu, je ne réussirai jamais auprès de ces *étrangers*; mes jambes sont bâtis pour d'autres pas, elles n'entendent pas le françois....

UN LAQUAIS.

Sir Lucius O'Trigger demande à vous parler, Monsieur.

ACRES.

Vîte, vîte, qu'il entre.

SCENE IX.

ACRES, SIR LUCIUS.

SIR LUCIUS.

J'ACCOURS pour vous embrasser, mon cher ami...

ACRES, *l'embrasse.*

J'en suis bien aise, mon digne baronnet.

SIR LUCIUS.

Qui est-ce qui vous a conduit si subitement à Bath?

ACRES.

Ma foi j'ai suivi la *lanterne* de l'amour, & ce petit coquin m'a conduit dans une foudrière. — Je suis fort mal traité, sir Lucius, très mal traité.....

SIR LUCIUS.

J'en suis fâché; mais de qui?

ACRES.

Il est inutile de vous nommer ma tigresse; j'en deviens amoureux, ses parens m'approuvent, je la suis à Bath, j'annonce mon arrivée, & ne reçois pour toute réponse qu'un congé. Voilà Sir Lucius ce que j'appelle un mauvais traitement.

SIR LUCIUS.

Vous avez raison: mais quelle en est la cause?

ACRES.

Elle raffole d'un Enseigne, nommé Beverley, qui est actuellement à Bath.

SIR LUCIUS.

Un rival vous supplante, il faut le punir.

ACRES.

Comment ?

SIR LUCIUS.

Quoiqu'on ne porte point d'épée à Bath, il y a moyen de se venger.

ACRES.

Quoi ! vous voudriez me persuader de me battre ?

SIR LUCIUS.

Sans doute.

ACRES.

Mais il ne m'a point insulté ?

SIR LUCIUS.

Comment morbleu ! il s'avise d'aimer la femme que vous préférez ? cette offense est une insulte à l'amitié.

ACRES.

A l'amitié ? je ne le connois pas.....

SIR LUCIUS.

Il en est plus coupable.

ACRES.

Je crois que vous avez raison. — Corbleu ! je sens que je me fâche, mon sang s'enflamme petit à petit ; je m'apperçois qu'on peut être courageux à sa volonté. — Mais n'y auroit-il pas moyen d'avoir la raison de mon côté ?

SIR LUCIUS.

Que signifie la raison, quand l'honneur parle? Croyez-vous qu'Achille, ou mon petit Alexandre-le-Grand s'inquiétoient de cette bagatelle? Lorsqu'ils avoient envie de se battre, ils tiroient leur grand sabre, & abandonnoient aux paisibles enfans de *Thémis* le soin de les justifier.

ACRES.

Vos discours font autant d'effet sur mon cœur, que la musique d'une marche de grenadiers; je crois parbleu que le courage se communique. — Je sens-là.... une certaine ardeur.... un espèce de.... oh! je suis décidé à lui envoyer un défi.

SIR LUCIUS.

Quand vous viendrez à mon château, je vous montrerai une collection de portraits de mes ancêtres, qui ont chacun tué leur homme. Quoiqu'il ne me reste plus rien de leur fortune, j'ai conservé, Dieu merci, ces garans de mon honneur.

ACRES.

J'ai tout comme vous mes ancêtres; la plupart ont été Colonels ou Capitaines de milice. Mais je n'ai pas besoin de leur exemple pour me battre; le tonnere de votre voix a aigri dans mon ame le *lait* de l'*humanité*: morbleu! je dirai, comme l'homme de la tragédie, *je puis faire des actions si valeureuses....*

SIR LUCIUS.

Là, là, doucement, ne vous emportez pas....

ACRES.

Il le faut morbleu ; il faut que je sois en colère & pour cause : si vous m'aimez, permettez que je me mette un peu en fureur ? (*Il s'assied près d'une table.*) Ecrivons le cartel ? Je voudrois que l'encre fût aussi rouge que le sang. . . .

SIR LUCIUS.

Calmez-vous. . . . .

ACRES.

Non, non ; commencerai-je ma lettre par un serment ?

SIR LUCIUS.

Fi donc, il faut lui écrire un billet honnête.

ACRES.

De quoi l'accuserai-je ?

SIR LUCIUS.

Nous verrons cela. Commencez par mettre : *Monsieur.*

ACRES, *il écrit.*

Bon.

SIR LUCIUS, *lui dicte.*

» Pour éviter les embarras qu'entraîne la rivalité....

ACRES.

Voilà justement le motif de la querelle. Eh bien ?

SIR LUCIUS.

SIR LUCIUS.

» J'aurai l'honneur de vous attendre.....

ACRES.

Il va s'imaginer que c'est une invitation....

SIR LUCIUS.

Ne vous inquiétez pas. Continuez.

ACRES.

» De vous attendre.....

SIR LUCIUS.

Voyons, où l'attendrez-vous? *Kings Mead-fields* conviennent assez. Ecrivez, dans Kings Mead-fields.....

ACRES, *écrit.*

Voilà qui est fait.

SIR LUCIUS.

» Pour y vuider cette affaire ». Signez & cachetez la lettre.

ACRES.

J'y mettrai un cachet sur lequel est gravée une main tenant un poignard.

SIR LUCIUS.

A merveille. Cette petite explication préviendra toute mésintelligence.

ACRES.

C'est la meilleure façon pour vivre en paix.

SIR LUCIUS.

Fixez la décision de cette affaire à ce soir, vous serez libre demain matin.

ACRES.

Je le veux bien.

SIR LUCIUS.

Je me chargerois volontiers de votre billet, mais j'attends moi-même une pareille affaire; il y a ici un certain Capitaine qui se permet de plaisanter sur les usages de mon pays, & je cherche l'occasion de m'en venger.

ACRES.

Par ma foi, je voudrois que vous vous battiez le premier; je serois bien aise de voir comment vous le tuerez, cela me serviroit de leçon.

SIR LUCIUS.

Vous n'en avez pas besoin. Souvenez-vous, lorsque vous rencontrerez votre antagoniste, d'être fort honnête avec lui; que votre courage soit aussi poli que le tranchant de votre épée.

ACRES.

Je ne l'oublierai pas, (*Ils sortent.*)

Fin du troisième Acte.

ACTE IV.

La scène continue dans l'appartement d'Acres.

SCENE PREMIERE.

ACRES, DAVID.

DAVID.

SUR mon ame, Monsieur, tous les *Sir Lucius* des trois royaumes ne m'engageroient jamais dans une telle entreprise ; hélas ! que dira la vieille Dame lorsqu'elle le saura ?

ACRES.

Ah ! David ! si tu l'avois entendu parler, il auroit réveillé ton courage, comme le mien....

DAVID.

Vous vous trompez, Monsieur ; je hais la *saignée*. — Passe s'il vous conseilloit quelques bons coups de poing, ou une bataille aux *courts bâtons* (1),

---

(1) Sortes de bâtons avec lesquels on se bat avec beaucoup d'adresse : il y a des athèletes très-célèbres qui s'escriment avec ces armes dans les endroits où se font les courses des chevaux ; c'est un spectacle du matin, où les dames n'assistent pas. On y fait des paris considerables.

je serois le premier à vous encourager; mais se battre au pistolet, ou avec ces maudites épées, on ne sait jamais comment cela finit.

ACRES.

Mais M. David, ne faut-il pas avoir soin de son honneur ?

DAVID.

Il ne faut pas que ce soit à vos dépens.

ACRES.

Un Gentilhomme doit tout sacrifier pour conserver son honneur.

DAVID.

Moi je pense qu'il vaut encore mieux conserver le Gentilhomme. Tenez, Monsieur, cet honneur me paroît être un faux ami, un vrai courtisan. — Supposons que je sois gentilhomme (ce que, dieu merci, personne ne peut me reprocher) & qu'il prenne fantaisie à un autre Gentilhomme de me chercher dispute, je suis donc forcé de me battre ? Cela me paroît assez singulier : si j'ai le bonheur de le tuer, quel profit m'en revient-il? rien du tout; s'il me tue, adieu à ce monde; ma mort n'enrichit point mon ennemi, & cependant il m'envoie au tombeau.

ACRES.

Ton honneur y repose avec toi.

DAVID.

C'est justement où je n'en ai plus besoin.

ACRES.

Morbleu David ! tu es un poltron : il sied mal à mon courage d'écouter tes discours. — Quoi ! je ferois rougir mes ancêtres ? — Songe, David, quelle honte ce seroit pour eux.

DAVID.

Le meilleur moyen, Monsieur, d'éviter leurs reproches, c'est de fuir leur société tant que vous pourrez : il n'est pas nécessaire de se tant presser pour les aller trouver, nous y viendrons assez tôt. Ah ! mon cher maître ! je crois vos ancêtres de fort honnêtes gens, mais je crois qu'il est bon d'éviter leur compagnie.

ACRES.

Ne crois pas David qu'il y ait tant, tant de danger dans un duel, on se bat souvent sans se blesser.

DAVID.

Oh ! Monsieur, il y a dix contre un à parier avec ces vilaines épées à *double balles*, & ces indignes pistolets à *tranchans polis* : je tremble, quand je pense au péril affreux où vous vous exposez.....

ACRES.

Tais-toi, tu affoiblis mon courage. — Tiens, vois ? voilà mon cartel ; j'ai envoyé chez le Capitaine Absolute, pour le prier de le donner à mon rival.

DAVID.

Le Ciel en soit loué, Monsieur; car pour moi je ne le toucherois pas pour le meilleur cheval de votre écurie. Cette lettre-ci ne ressemble pas aux autres; elle sent la poudre, je ne répondrois pas qu'elle ne vous tirât un coup de fusil.

ACRES.

Retires-toi, lâche; tu n'as pas plus de cœur qu'une sauterelle.

DAVID.

Je me tais, Monsieur. — Quelle consternation il y aura à *Clod-Hall*, quand on y apprendra cette triste nouvelle. — Pauvre *Philis !* comme elle hurlera? elle ignore pour quelle chasse son maître se prépare. — La vieille jument qui vous a promené pendant dix ans dans les prés & les champs, va maudire l'heure de sa naissance..... (*Il pleure.*) Ah!... mon.... cher.... maître.....

UN LAQUAIS.

M. le Capitaine Absolute demande à vous voir, Monsieur.

ACRES.

Qu'il entre (*Le Laquais sort.*)

DAVID.

Dieu veuille que nous soyons encore en vie demain à cette heure-ci! adieu, mon maître.....

ACRES.

Sors d'ici.... ne me..... (*David sort en pleurant.*)

SCENE II.

ACRES, ABSOLUTE.

ABSOLUTE.

Qu'avez-vous?

ACRES.

C'est un poltron, un lâche. un.... un... En vérité si je n'avois pas le courage du dragon de S. George, il m'intimideroit par sa lâcheté.

ABSOLUTE.

Pourquoi tout ce bruit? pourquoi m'avez-vous fait demander?

ACRES, *en lui donnant la lettre.*

Tenez, lisez.

ABSOLUTE, *à part.*

A l'Enseigne Beverley. (*Haut.*) Je ne vous comprends pas.

ACRES.

C'est un défi.

ABSOLUTE.

Est ce que vous auriez le projet de vous battre avec lui?

ACRES.

Sans doute; Sir Lucius m'y a engagé, il a excité ma colère, & je ne veux pas me fâcher pour rien; ainsi je me bats ce soir.

ABSOLUTE, *lui rend la lettre.*

Cela ne me regarde pas.

ACRES

Vous le connoissez, je voudrois que vous me rendiez le service de lui remettre ce billet de mort.

ABSOLUTE.

De tout mon cœur, comptez qu'il l'aura plutôt que vous ne pensez.

ACRES.

Je vous en remercie. — Vous êtes mon ami, voudrez-vous me faire le plaisir d'être mon second?

ABSOLUTE.

Je ne le puis.

ACRES.

Il faudra que je m'adresse à Sir Lucius....

UN LAQUAIS.

Sir Anthony Absolute, vous attend, Monsieur.

ABSOLUTE.

J'y vais. — Adieu mon petit héros ; j'espère que le succès couronnera l'entreprise. (*Il fait quelques pas.*)

ACRES.

Ecoutez ; si Beverley vous faisoit des questions sur ma personne, dites-lui que je suis un diable de ferrailleur.

ABSOLUTE.

Fort bien.

ACRES.

Ajoutez que je tue un homme par semaine.

ABSOLUTE.

Je lui dirai qu'on vous nomme en Devonshire, *Jack le terrible*.

ACRES.

A merveille; peut être vous l'intimiderez, il aura peur, il refusera de se battre, & .... & .... — Vous sentez, Capitaine, que ce que j'en fais n'est que pour prévenir des malheurs; je ne suis pas avide de son sang, & ne veux pas nourrir mon honneur aux dépens de sa vie.

ABSOLUTE.

J'approuve cette humanité.

ACRES.

Dites-lui cependant que vous m'avez laissé dans une fureur inconcevable.

ABSOLUTE, *en s'en allant*.

Oui, oui: adieu *Jack le terrible*.

(*Ils sortent chacun d'un côté opposé.*)

SCENE III.

Le Théatre représente l'appartement de Mistriss Malaprop.

MISTRISS MALAPROP, LYDIA.

MIST. MALAPROP.

JE ne conçois rien à ce caprice ; le Capitaine est jeune, aimable, séduisant.

LYDIA, *à part.*

Elle ignore de qui elle fait l'éloge. (*Haut.*) Il est vrai que c'est tout le portrait de Beverley.

MIST. MALAPROP.

Point de comparaisons, Miss : c'est un droit que l'âge seul peut vous donner. — M. Absolute réunit à l'esprit, la politesse, la pénétration & l'*adulation raisonnée* ; il parle avec *clarté* ; il connoît sa *grammaire*, son maintien ressemble à celui du héros d'*Hamlet* (1). « Il a des boucles *Hesperiennes*, le » front de *Job*, l'œil de *Mars* ; son regard menace » quand il commande. — Il est aussi leste qu'*Henry* » *Mercure* ». Je ne me souviens pas trop du reste ; mais lorsque le Capitaine est entré, sa ressemblance avec ce portrait me frappa singuliérement

(1) Pièce de Shakespear.

LYDIA, *à part.*

Son erreur lui coûtera cher !

UN LAQUAIS.

Sir Anthony, & M. le Capitaine demandent à parler à Madame.

MIST. MALAPROP.

Faites entrer. (*Le Laquais sort.*) Je vous prie, Miss, de recevoir ces Messieurs avec cette distinction, qui annonce une Demoiselle bien éduquée.

LYDIA.

Vous connoissez mes sentimens, Madame; je reste pour ne pas vous déplaire; mais mon silence témoignera assez mon éloignement pour ce mariage. (*Elle se met dans un fauteuil, le dos tourné du côté de la porte.*)

SCENE IV.

Les précédentes, SIR ANTHONY, LE CAPITAINE ABSOLUTE.

SIR ANTHONY.

NOUS nous présentons chez vous, Madame, dans l'espoir d'adoucir la rigueur d'une beauté sauvage; mon fils en désespère, car il a fallu toute mon autorité pour l'engager à m'accompagner. Quel en est le motif, Madame ?

MIST. MALAPROP, *fort embarrassé.*

Je l'ignore. . . . je suis confondue de tant de bontés. . . . (*Bas à Lydia.*) Levez-vous, ma chère, de grace saluez ces Messieurs.

SIR ANTHONY.

J'espère que Miss Languish se rendra aux égards qu'elle vous doit, & qu'elle sentira tout l'avantage de cette alliance. (*A part à son fils.*) J'ai commencé le traité; c'est à toi à l'achever.

ABSOLUTE, *à part.*

Que lui dirai-je? (*Bas à son père.*) Mon père, des témoins sont de trop en pareilles affaires; je vous l'ai dit, un moment d'entretien particulier avec Miss me sera peut-être plus favorable que tout ce que vous pourriez dire en ma faveur. (*Il parle bas à son père.*)

LYDIA, *à part.*

Le silence de ma tante m'étonne. . . .

SIR ANTHONY, *haut.*

Je vous le répète, Monsieur, je ne sortirai pas.

MIST. MALAPROP.

Vous voyez, Sir Anthony, combien peu d'*affluence* j'ai sur l'esprit de ma nièce. (*A Lydia.*)

Tournez la tête Mademoiselle.... ne rougissez-vous pas devant ces Messieurs.

SIR ANTHONY.

Je serois bien aise de savoir le sujet de tant de mépris? (*Bas à son fils.*) Vas lui parler imbécille.

MIST. MALAPROP.

Elle ne méprise pas votre fils, Sir Anthony. (*Bas à Lydia.*) Répondez, impertinente.

SIY ANTHONY.

Je puis donc me flatter, Madame, qu'une prédilection d'enfant ne nuira point au bonheur de mon fils? (*Bas à Absolute.*) Morbleu, tu m'impatientes!

LYDIA, *à part.*

Mon prétendu n'est guère plus empressé que moi. — Ma tante est bien aveugle!

ABSOLUTE, *fait quelques pas vers Lydia, puis retourne à son père.*

Madame..... Miss..... (*Bas à son père.*) Ma foi, Monsieur..... l'embarras..... d'exprimer..... mon ardeur..... je ne puis parler..... La crainte d'être refusé devant mon père, m'ôte la faculté de m'expliquer.

(*Il fait signe à Mistriss Malaprop de se retirer.*)

MIST MALAPROP.

Venez, Sir Anthony, nous les laisserons un moment en liberté.

SIR ANTHONY.

Non, non, Madame ; il n'en est pas encore temps. (*Bas à son fils.*) Allons, allons, essaie de lui parler.

ABSOLUTE, *approche d'un air confus auprès de Lydia.*

(*Apart.*) Puisse-t-elle ne pas me regarder ! Changeons de voix ! (*Il affecte une voix enrouée.*) Miss Languish voudra-t-elle prêter une oreille favorable aux doux accens de l'amour?....

SIR ANTHONY.

Depuis quand es-tu enrhumé?

ABSOLUTE, *bas à son père.*

L'excès de.... de.... de mon respect, & ma.... ma.... ma timidité me suffoquent....

SIR ANTHONY.

Tu m'impatientes avec ta diable de timidité. — Mistriss Malaprop? engagez votre nièce à nous montrer un peu son visage.

(*Mistriss Malaprop parle bas à Lydia ; elle paroît être en colère.*)

ABSOLUTE, *à part.*

Prevenons la catastrophe. (*Bas à Lydia.*) — Ma chère Lydia....

LYDIA.

Ah, ciel! c'est la voix de Beverley! & Sir Anthony avec lui? (*Elle le regarde en hésitant, puis se lève précipitamment.*) — Ah! mon cher Beverley! quel bonheur de vous voir ici!

ABSOLUTE, *à part.*

Je suis perdu!

SIR ANTHONY.

Que veut-elle dire....

MIST. MALAPROP.

La tête vous tourne....

SIR ANTHONY.

C'est mon fils, c'est Jack Absolute....

LYDIA.

Non, non, c'est mon cher Beverley....

SIR ANTHONY.

Elle est folle; les livres lui ont gâté l'esprit....

MIST. MALAPROP.

Je le crains. (*A Lydia.*) — Vous avez vu Monsieur, tantôt; c'est lui qui doit être votre époux.

LYDIA.

Je l'accepte avec plaisir; j'ignorois que ce fût Beverley qui m'étoit destiné.

SIR ANTHONY.

Je ne sais ou j'en suis : approche ? es-tu mon fils ?

ABSOLUTE, *à part.*

Comment me tirerai-je d'ici? (*haut.*) — Mon respect, Monsieur, vous le prouve. (*A Mistriss Malaprop.*) Pardonnez, Madame, une supercherie inspirée par l'amour ; jaloux d'obtenir le cœur de votre nièce ; je lui ai adressé mes vœux à votre insçu, sous le nom de Beverley ; j'ai réussi à lui plaire ; je me flatte qu'elle conservera les mêmes sentimens pour l'heureux Absolute.

LYDIA, *d'un ton pénétré.*

Fatale découverte ! Quoi ! vous ne m'enleverez donc pas ?

ABSOLUTE.

Ma chère Lydia ! notre passion n'a pas besoin de ce secours, pour être éternelle.

SIR ANTHONY.

Tu es un grand scélérat Jack : voilà ce respect, cette soumission, ce désir de me plaire ! Ho ! je m'en méfiois.

ABSOLUTE, *en souriant.*

Ma modestie, Monsieur....

SIR ANTHONY.

Ta modestie n'est qu'une hypocrite.

MIST. MALAPROP.

MIST. MALAPROP.

Miséricorde ! c'est donc vous, Monsieur, qui me traitiez si bien dans ce fameux billet ?

ABSOLUTE, *à part.*

O ciel ! comment excuser ?..... (*Haut.*) Mon père, si vous ne me secondez pas, je n'ose me flatter d'obtenir mon pardon.

SIR ANTHONY.

Allons, allons, Mistriss Malaprop ? point de rancune dans ce moment heureux ; un excès de tendresse nous rend quelquefois très-coupables.

MIST. MALAPROP.

Puisque vous l'exigez, nous *n'anticiperons* pas sur le passé, il vaut toujours mieux réfléchir sur l'*avenir.*

SIR ANTHONY.

C'est fort bien dit. Retirons-nous, & laissons ces tourtereaux en liberté de se jurer un amour éternel ; ce moment est celui du bonheur : morbleu ! je me sens tout joyeux. (*Il chante.*) « La jeunesse » est la saison du plaisir ». Je ne sais ce que je fais. (*Il donne la main à Mistriss Malaprop.*) Venez, Madame ; je me sens rajeunir de trente ans.

(*Il sort en chantant.*)

(*LYDIA continue de rester dans son fauteuil d'un air pensif.*)

ABSOLUTE, *à part.*

Son silence n'annonce rien d'heureux. (*Haut.*) Vous êtes bien sérieuse, Madame?

LYDIA.

J'ai des mécontentemens qui me chagrinent.

ABSOLUTE.

Quoi! au moment où nos parens consentent à notre hymen?

LYDIA, *d'un ton piqué.*

Nos parens!

ABSOLUTE.

Abandonnons nos chimères romanesques: croyez-moi, un peu d'aisance vaut mieux que le triste aspect de la misère; nous pourrons à présent nous occuper de l'avenir; votre douaire....

LYDIA.

Je hais les ennuyeuses formes d'un mariage ordinaire, elles effarouchent l'amour.

ABSOLUTE, *se jette à ses pieds.*

De grace, soyez plus raisonnable? Ah! ma chère Lydia! ne me mettez pas au désespoir.

LYDIA.

Puisque vous êtes sûr de me posséder, il est inutile de me convaincre.

ABSOLUTE, *à part.*

Il faut changer de ton. (*Haut.*) Allons, Madame,

je ne vous forcerai pas à m'accorder votre main.... J'y renonce.... Je ne puis être heureux si je ne possède pas votre cœur.

LYDIA, *se levant.*

Lorsque vous avez feint de m'aimer, c'étoit l'intérêt & non l'amour, qui vous a inspiré cette feinte; il faut vous en punir. — Ne rougissez-vous pas, perfide! Tandis que je me livrois au penchant irrésistible qui m'entraînoit vers vous, le projet de jouir de ma fortune, vous engageoit à flatter ma foiblesse..... Ingrat! c'étoit donc pour vous moquer de moi, que vous nourrissiez l'erreur dont j'étois enchantée.

ABSOLUTE.

Vous avez tort, Lydia; permettez-moi de.....

LYDIA.

Non, non; vous m'avez privée du plaisir d'humilier l'orgueil de ma tante:.... (*elle se promène d'un pas agité.*) & lorsque je me flattois de tromper.... sa prétendue penétration..... C'est moi qui étoit votre dupe! (*Elle tire un portrait de son sein.*) — Voilà votre portrait; ni les prières, ni les menaces de ma tante, n'ont pu m'en détacher; c'étoit alors l'image de mon cher Beverley. (*Elle le jette.*) Le voilà; il m'est odieux dès qu'il m'offre celle d'un autre objet.

ABSOLUTE, *en tirant de sa poche le portrait de Lydia.*

Fort bien, Madame, fort bien ; voici le portrait de Lydia ; voilà ce sourire flatteur qui alluma mes feux ; ces lèvres charmantes qui scellèrent l'aveu de mon bonheur ; cette aimable rougeur d'une beauté honteuse, mais contente de sa défaite ; quelle différence aujourd'hui ! ce temps heureux n'est plus : hélas ! il n'existe que sur les tablettes de l'amour ; — mais, malgré vos rigueurs, Madame, j'y reconnois les traits séduisans de Miss Languish ; la copie n'a pas la beauté de l'original, mais elle en a pour moi plus de charmes ; elle n'est point changée à mes yeux, & mon cœur ne me permet pas d'y renoncer.

(Il remet le portrait dans sa poche.)

LYDIA, *d'un ton plus radouci.*

N'attribuez ce changement qu'à vous-même ; mais je.... je.... je m'apperçois, Monsieur, que vous en êtes satisfait.

ABSOLUTE.

Certainement, Madame ; l'indifférence est préférable à l'amour..... Quelle folie que la constance ! Quel plaisir de briser sa chaîne !.... On dira peut-être que le caprice avoit formé ces nœuds..... Il ne faut pas s'inquiéter de pareils propos.....

Peut-être même sera-t-on assez méchant pour m'attribuer ce changement..... Qu'est-ce que cela fait? On dira tout au plus qu'ennuyé de mon esclavage, je vous ai quittée pour former d'autres engagemens.

LYDIA, *en pleurant.*

Faites-moi.... grace.... de vos mauvais propos....

SCENE V.

Les précédens, MISTRISS MALAPROP, SIR ANTHONY.

MIST. MALAPROP.

IL est temps d'interrompre ce doux tête à tête.

LYDIA, *en sanglottant.*

Ingrat! ce dernier trait met le comble à vos infâmes procédés.

SIR ANTHONY.

Morbleu! qu'est-ce que je vois? voilà une plaisante manière de faire sa cour. Qu'a-t-elle donc à pleurer?

ABSOLUTE.

Ah! mon père!... demandez-le à Miss.

MIST. MALAPROP.

Que vous a-t-il fait, ma nièce?

LYDIA.

Hélas ! ma tante !... Demandez-le à Monsieur.

SIR ANTHONY, *à son fils.*

Je ne pense pas que vous l'ayez attaquée comme une citadelle ?

MIST. MALAPROP, *à Lydia.*

Y auroit-il par hazard quelqu'autre méprise ?

ABSOLUTE.

Miss pourra mieux que moi vous en instruire.

LYDIA.

Vous m'avez souvent ordonné d'oublier Beverley ; je n'ai pas voulu vous écouter, mais à présent, Madame, je m'empresse de vous obéir. (*Elle sort.*)

MIST. MALAPROP.

Ce langage m'étonne. Ah ! Capitaine ! vous avez mal-traité, ma nièce ?

SIR ANTHONY.

Ha ! ha ! ha ! ha ! tu es trop empressé mon pauvre Jack....

ABSOLUTE.

Je vous jure.....

SIR ANTHONY.

Je reconnois bien là le sang des *Absolutes*, ils ont toujours été fort impatiens...

MIST. MALAPROP.

Je frémis ! seroit-il possible, Capitaine ?...

ABSOLUTE.

Rendez-moi la justice de croire.....

SIR ANTHONY, *en riant.*

Paix, paix, n'en parlons plus, Mistriss Malaprop raccommodera tout cela. — Allons, allons, à ton âge je ne valois pas mieux que toi. Ha ! ha ! ha ! Venez, venez. (*Il force son fils de sortir, tandis qu'il donne la main à Mistriss Malaprop.*) Nous irons adoucir le courroux de la future. (*Ils sortent.*)

ABSOLUTE.

A moins de me chercher querelle, je ne conçois rien à ce propos.

SIR LUCIUS.

Je suis bien aise que vous ayez deviné mon projet.

ABSOLUTE.

Pour quelle raison, Monsieur?

SIR LUCIUS.

Ah! Capitaine, une plus grande explication gâteroit le brillant de cette affaire; qu'il vous suffise de savoir que vous m'avez offensé la semaine dernière. — Nommons bien vîte l'endroit & l'heure où vous devez m'en rendre raison.

ABSOLUTE.

Ce soir, près de *Spring-Gardens* (1), nous y serons plus à notre aise qu'ailleurs.

SIR LUCIUS.

J'aime à me battre tranquillement, & pour cette raison, j'aimerois autant *Kings-Meadfields*: d'ailleurs j'y ai un rendez-vous à six heures pour une autre petite affaire que je pourrai vuider en même-temps.

(1) Jardins du Printemps, nom d'un quartier.

ABSOLUTE.

Soit ; je m'y trouverai, & alors nous nous expliquerons.

SIR LUCIUS.

Je serai exact. — Adieu, Monsieur; je me sens déja plus tranquille. (*Il sort.*)

SCENE VIII.

ABSOLUTE, FAULKLAND.

ABSOLUTE, *rencontrant Faulkland.*

VOUS venez bien à propos, j'allois chez vous. Ah! Faulkland! toutes les furies semblent déchaînées contre moi : si je n'avois l'espoir d'avoir bientôt la tête cassée, je n'aurois pas la force de vous raconter mes ennuis.

FAULKLAND.

Pouvez-vous me tenir un pareil langage, au moment où tout conspire à votre bonheur?

ABSOLUTE.

Lydia ne m'aime plus.....

FAULKLAND.

Que me dites-vous?

ABSOLUTE.

L'apparence du devoir a éteint le flambeau de l'amour.

FAULKLAND.

Sexe perfide ! — Mais que ferez-vous ?

ABSOLUTE.

Un honnête Irlandois, Sir Lucius O'Trigger, m'a prié de me couper la gorge avec lui, & j'ai accepté cette offre généreuse.

FAULKLAND.

Finissez vos plaisanteries.

ABSOLUTE.

Je vous dis vrai, & c'est moi qui vous prie, à mon tour, de m'accompagner : ce rendez-vous est à six heures.

FAULKLAND.

Il y a un mal-entendu dans cette affaire, une explication l'arrangera.

ABSOLUTE.

Refusez-vous d'être mon second ?

FAULKLAND.

Non ; mais j'eusse desiré que c'eût été dans un autre moment. — Ah ! mon ami ! vous connoissez mon humeur jalouse, elle m'a brouillée avec ma Julie, & je ne puis goûter de repos avant d'être réconcilié avec elle.....

ABSOLUTE.

En vérité, vous ne méritez pas d'en être aimé....

(*Un Laquais remet une lettre à Faulkland.*)

FAULKLAND.

Ah ciel !..., voici mon congé...... je n'ose ouvrir ce fatal billet.

ABSOLUTE.

Donnez ; je vais vous communiquer...... (*Il ouvre le billet.*) l'arrêt de votre trépas. (*Il lit bas.*) Tout est dit, mon pauvre Faulkland.....

FAULKLAND.

Que je suis malheureux !....

ABSOLUTE.

Ecoutez ce qu'elle vous mande. (*Il lit.*) « Je con-
» nois le cœur de mon cher Faulkland, & je suis
» convaincue qu'il se repent déja de m'avoir offen-
» sée : venez sur-le-champ m'en assurer, & comp-
» tez sur toute la tendresse de votre fidelle Julie
» Melville ». (*Faulkland reprend froidement la lettre.*) — Vous ne dites rien ?

FAULKLAND.

Je sens tout mon bonheur ; mais.....

ABSOLUTE.

Maudits soient vos *mais*, ils empoisonnent tous vos plaisirs.

FAULKLAND.

Convenez qu'il y a un défaut de délicatesse dans cette démarche ? Les femmes doivent attendre que nous les prévenions ; elles ne doivent se réconcilier avec nous qu'à force de soins & de repentir, leur pardon doit être aussi difficile à obtenir que leur tendresse.

ABSOLUTE.

Vous me désolez : laissez aux amans malheureux les larmes & les soupirs : si vous eussiez été comme moi la victime d'un caprice bizarre, je vous permettrois de vous plaindre ; mais vous êtes l'auteur de vos peines, & loin d'inspirer la pitié, vous devenez un objet de ridicule. Adieu. Souvenez-vous que je vous attends chez moi ce soir à six heures.

(*Il sort.*)

FAULKLAND.

Ses reproches ne changeront pas ma façon de penser. Il évite les épines de l'amour, & moi je les recherches, elles rendent les plaisirs plus piquans. — Je veux profiter du duel de ce soir pour éprouver le cœur de ma Julie : si mon projet réussit, j'abjure à jamais tout soupçon, & me livrerai désormais sans crainte à mon penchant.

Fin du quatrième Acte.

ACTE V.

Le Théatre représente l'appartement de Julie.

SCENE PREMIERE.

JULIE.

Que signifie ce mystère?... que veut-il dire en me parlant d'un fâcheux accident?... pourquoi me demande-t-il une entrevue secrète?... Ah! ciel! à combien d'alarmes mon amour pour lui m'a exposée!

SCENE II.

JULIE, FAULKLAND.

FAULKLAND.

Ah! ma chère Julie! je viens vous dire un éternel adieu.

JULIE.

Dieux! que viens-je d'entendre!...

FAULKLAND.

Calmez-vous. — Une malheureuse dispute m'a

forcée de me battre en duel : mon adversaire a succombé, il faut que je fuie la rigueur des loix; ah ! ma Julie ! si du moins l'hymen eût serré nos nœuds, vous m'auriez suivie dans mon exil, & je n'aurois point regretté ma patrie.

JULIE.

Doute cruel? C'est vous qui avez retardé notre bonheur. — Mais je ne vous quitte pas, je m'abandonne à votre honneur, je suivrai par-tout vos pas, & lorsque nous serons dans un asyle assuré, nous remplirons la promesse de mon père ; votre femme, votre amie, votre Julie s'efforcera d'adoucir vos chagrins.

FAULKLAND.

Réfléchissez aux suites d'une telle démarche : le pauvre Faulkland ne pourra guères récompenser tant de générosité.

JULIE.

Ah ! mon ami ! votre cœur est mon trésor. L'amour, plutôt que le devoir, va resserrer nos liens. — Partons.

FAULKLAND.

Attendons jusqu'à ce soir. — Ah ! ma chère amie ! je tremble, quand je songe aux maux que l'exil entraîne après lui.

JULIE.

Craignez-vous les peines de l'infortune? Si l'un

confisque

confisque votre bien, le mien suffit : des exilés ne doivent pas vivre avec faste.

FAULKLAND.

La misère aigrit le caractère ; mon humeur déja fort indocile peut y puiser de nouveaux défauts ; alors, ma chère Julie, je vous deviendrai bientôt un objet de haîne & de regrets.

JULIE.

Plus vous serez malheureux, & plus vous aurez besoin de consolation : mes soins parviendront peut-être à calmer vos ennuis.

FAULKLAND, *se jette à ses pieds,*

Comment reconnoître tant de bontés ! comment obtenir mon pardon ! ah ! ma bonne, ma tendre Julie ! ce duel n'est qu'une feinte pour éprouver vos sentimens pour moi : j'abjure à vos pieds ces indignes soupçons, cette affreuse, cette méprisable jalousie ; j'en ai honte, je rougis de ma foiblesse.....

JULIE, *en s'essuyant les yeux.*

Le bonheur de vous savoir en sûreté étouffe en moi tout autre sentiment : voyez mes larmes, c'est la joie qui les arraches, & non pas la colère. Vous m'êtes cher, Faulkland ; mon cœur, plus que le choix de mon père, m'a donné à vous : après la mort de ce bon vieillard, vous fûtes mon seul, mon unique soutien ; mais malgré ma confiance, vos soupçons injurieux m'ont fait gémir plus d'une fois de vous l'avoir accordée, & je ne veux pas les autoriser, en vous accordant les droits d'un époux.

FAULKLAND.

Qu'entends-je ?

JULIE.

Je vous ai donné ma foi, je vous la garde sans être à vous. Adieu ; soyez heureux, & oubliez un cœur qui renonce à vous pour toujours.

(*Elle sort.*)

FAULKLAND.

Malheureux ! quelle affreuse punition ! — C'en est fait, je la perds sans retour. — L'heure du rendez-vous approche : ah ! si quelque main charitable vouloit m'arracher par pitié ma triste existence ! — Amour ? tourment des cœurs sensibles, lorsque tu exerces ton empire sur les hommes, semblable à la lune, tu sais changer la sagesse en folie, & faire un savant de l'ignorance même. (*Il sort.*)

SCENE III.

LYDIA, *suivie de* LA FEMME DE CHAMBRE de JULIE.

LYDIA.

IL faut que je lui parle sur-le-champ.

LA FEMME DE CHAMBRE.

Elle étoit ici tout-à-l'heure, peut-être sera-t-elle dans la pièce voisine; je vais y voir, Madame.

(*Elle sort.*)

LYDIA.

Hélas ! malgré les torts du Capitaine, je ne puis l'oublier. Mais voici ma cousine, suivons ses conseils.

SCENE IV.

LYDIA, JULIE.

LYDIA.

J'ATTENDS de vous mon bonheur.... Ah! ma chère Julie! qu'avez-vous? pourquoi ces larmes? ce vilain Faulkland vous tourmente sans cesse.

JULIE, *à part.*

Excusons sa faute. (*Haut.*) Vous vous trompez,

ma chère amie, j'ai d'autres chagrins que je ne puis vous communiquer.

LYDIA.

Je les partage de bien bon cœur, mais ils n'égalent les miens. — Vous n'ignorez pas sans doute qui est l'Enseigne Beverley?

JULIE.

M. Faulkland m'en avoit instruit depuis long-temps.

LYDIA.

J'étois donc le jouet de mes amis? — Je renonce à jamais au perfide.

JULIE.

Vous n'y songez pas.

LYDIA.

Que deviendront tous mes grands desseins? Je projettois la plus belle fuite du monde; j'avois déja préparé le plus singulier déguisement; j'avois ordonnée une élégante échelle de cordes; je n'attendois qu'un beau clair de lune, & je voyois en rêve le carrosse à quatre chevaux, & le Prêtre Ecossois (1) qui m'attendoit. — Quelle surprise pour ma tante? Que de paragraphes dans les pa-

(1) Tous les mariages, sans l'aveu des parens, se font sur les frontières d'Ecosse.

piers publics ! (1) — Ah ! ma chère amie ! je mourrai de douleur d'avoir perdu une si belle occasion.

JULIE.

Certes, cela en vaut bien la peine.

LYDIA.

Quel changement, grands dieux ! Au-lieu d'un hymen digne d'*Armide*, il faudra donc me traîner tristement à l'Autel, y donner en présence de ma famille, la main à celui que j'aime, entendre mon nom proclamé par un grossier Clerc de village, qui demandera le consentement du premier malotru, pour unir *John Absolute*, avec Lydia Languish *Spinster*. (2) Je ne supporterai jamais cet odieux nom de *Spinster*.

JULIE.

Vous avez bien raison.

LYDIA.

Hélas ! quand je me rappelle tous les dangers

(1) On a soin d'avertir, dans les journaux, tous les événemens journaliers qui peuvent piquer la curiosité, ou exciter la malice du public. Cette licence produit souvent un bon effet, elle empêche bien des gens à se livrer à leur penchant vicieux.

(2) Titre qu'on donne en Angleterre, dans tous les actes publics, aux filles non mariées, qui sont au-dessous de filles de Vicomte.

où je me suis exposée pour le voir, j'en suis inconsolable : je bravois la rigueur du mois de janvier pour le chercher la nuit au jardin ; je l'y trouvois brûlant d'amour, mais transi de froid ; il étoit à genoux dans la neige, toussant & éternuant si pathétiquement, qu'à peine pouvois-je entendre ce qu'il me disoit. Nous grélotions, mais l'amour nous réchauffoit. Ah, Julie ! ces heureux momens ne reviendrons plus.

JULIE.

Si j'étois moins affligée, je me moquerois de vous ; n'ayez donc pas la cruauté de faire souffrir un homme qui vous adore ; vos folies vous joueront un mauvais tour. — Voici votre tante.

LYDIA.

Ah ! ciel ! que nous veut-elle ?

SCENE V.

Les précédentes, MISTRISS MALAPROP, DAVID, FAG.

MIST. MALAPROP.

FORT bien, fort bien : il se passe de belles choses dans les champs : des *suicides*, des *parricides*, des *simulations*, & personne ne trouve Sir Anthony, pour en prévenir l'*antistrophe*.

JULIE.

Que voulez-vous dire, Madame?

MIST. MALAPROP.

Monsieur peut vous en instruire, il m'a *enveloppé* toute l'affaire.

LYDIA, *à Fag*.

Expliquez-nous ce mistère.

FAG.

Je manquerois à la bienséance, Madame, si je différois à vous instruire d'une affaire qui paroît vous intéresser, &....

LYDIA.

Trève aux complimens, mon ami.

FAG.

Je sais le respect qui vous est dû, & serois aussi

laconique qu'il me sera possible dans la crainte de vous ennuyer ; car, dans le moment où je vous parle, Madame, peut-être y a-t-il déja deux ou trois hommes sur le carreau.

JULIE.

Pour l'amour du ciel, Madame, tirez-nous d'inquiétude ?

MIST. MALAPROP.

Il s'agit de quelques meurtres, de quelques duels ; mais Monsieur en sait mieux que moi toutes les *perpendiculaires*

LYDIA, *à Fag*.

Dites-nous simplement de qui vous parlez ?

FAG.

L'un des combattans est un jeune homme fort aimable, auquel je m'intéresse....

LYDIA.

Mais, qui, qui, qui est-il ?

FAG.

Mon maître, Madame....

LYDIA.

Quoi ! le Capitaine Absolute ?

MIST. MALAPROP.

Lui-même : (*Lydia pleure.*) Quoi ! il vous intéresse à-présent ?

JULIE.

Et qui sont les autres ?

FAG.

Demandez-le à Monsieur.

JULIE, *à David.*

Parles, mon ami.

DAVID.

Voyez-vous, Madame, il se passe là-bas des choses qui ne sont pas légitimes : on ne se rencontre pas avec des armes à feu, des épées, & le diable sait, quoi encore, pour tirer au blanc....

JULIE.

Mais qui sont les personnes dont vous parlez ?

DAVID.

Mon pauvre maître, Madame : excusez si je le nomme avant les autres. — Vous me connoissez, Madame, je suis David, & par conséquent domestique de M. Acres. Hélas ! peut-être n'existe-t-il plus ! — Après celui-ci, vient M. Faulkland....

JULIE.

Ah ! Madame ! courons vîte prévenir ce malheur.

MIST. MALAPROP.

Fi, Miss, cela ne seroit pas décent.

DAVID.

Sauvez du moins la vie à quelques uns, ils sont déterminés à se tuer. — Sur-tout ce diable de sanguinaire Philistin, Sir Lucius O'Trigger....

MIST. MALAPROP.

Sir Lucius! courons à son secours. (*A Julie & Lydia.*) — Quoi! vous ne venez pas? Vous êtes aussi insensibles, que les *putréfactions* de Derbyshire. Allons, allons; conduisez-nous au champ de bataille.

FAG.

Volontiers, Madame. — David? vas chercher Sir Anthony. (*David sort.*)

MIST. MALAPROP.

Venez mes enfans? Monsieur sera notre *envoyé*, il nous précédera, & nous le suivrons.

FAG, *faisant plusieurs révérences.*

Pour l'univers entier, Madame, je ne passerois pas devant ces demoiselles.

MIST. MALAPROP.

Je crains les rencontres *fatales*.

FAG.

Ne craignez rien, Madame; ne craignez rien. (*Ils sortent en courant.*)

SCENE VI.

Le Théatre représente la place de la Parade du Nord.

ABSOLUTE, *en redingotte, il cache son épée.*

UNE épée nue dans les rues de Bath, y causeroit autant de rumeur qu'un chien enragé. — Ce Faulkland n'est jamais exact. — Quelle contrariété! Si j'allois être obligé de me battre sans témoin? — Ah! morbleu! voici mon père : comment lui échapper?

(*Il enfonce son chapeau, & fait un demi cercle en se retirant.*)

SCENE VII.

ABSOLUTE, SIR ANTHONY.

SIR ANTHONY.

Les distances sont trompeuses, j'aurois gagé tout au monde qu'il étoit mon fils. — Mais, mais : — Parbleu, c'est lui-même. — Jack, écoute : qu'est-ce qui t'engage à me fuir ? — Me trompé-je ? — Non vraiment. (*Il approche.*) Jack ; Jack Absolute.

ABSOLUTE.

Mon nom est Saunderson.

SIR ANTHONY.

Pardon, Monsieur, je croyois. — Mais parbleu (*Il le regarde en face.*) — Votre très-humble serviteur, M. Saunderson. — Comment, coquin, quels sont vos desseins ?

ABSOLUTE, *feignant de rire.*

Celui de vous chercher, mon père.

SIR ANTHONY.

Fort bien : pour quelle raison vous cacher sous cet habit ? Hé....

ABSOLUTE.

Je crains le vent du nord. — Mais il est tard, j'ai un engagement....

SIR ANTHONY.

Vous venez de me dire que vous me cherchiez. — Où vas-tu, Jack?

ABSOLUTE.

Je vais, — je vais, — je vais chez Lydia. — Oui, je vais chez elle — pour tâcher de me racommoder; — & je vous cherchois pour.... pour....

SIR ANTHONY.

Pour t'accompagner, sans doute? Allons, je le veux bien.

ABSOLUTE.

Ah! Monsieur! cela n'est pas possible. — Il fait froid, vous ferez mieux de vous retirer.

SIR ANTHONY.

Point du tout : mais que direz-vous à Lydia?

ABSOLUTE.

Je la gronderai..... Je lui demanderai pardon..... Mais, mon père, je vous retiens, considerez votre goutte.

SIR ANTHONY.

Je n'y pense pas. Vous autres jeunes gens quand vous êtes blessés là. (*Il met la main sur le cœur de son fils.*) Oh! que diable! qu'as-tu là?

ABSOLUTE, *d'un air troublé.*

Rien, mon père.... ce sont des bijoux, quelques bagatelles pour Lydia....

SIR ANTHONY.

Voyons, voyons. (*Il ouvre le surtout, & l'épée tombe.*) Qu'est-ce que c'est que cela? aurois-tu le projet de l'assassiner?

ABSOLUTE, *feignant de rire.*

Ha! ha! ha! je voulois vous cacher encore un dessein qui vous fera rire.

SIR ANTHONY.

Quel est-il?

ABSOLUTE.

Vous savez que Lydia est extrêmement romanesque; si elle me refuse mon pardon, je feindrai de me percer le cœur de mon épée....

SIR ANTHONY.

Laisse-là tes rodomontades...

ABSOLUTE.

Je lui dirai: « Ah! cruelle! si tu prolonges mes » tourmens, ce fer finira ma triste carrière ».

SIR ANTHONY.

Elle te répondra: « Ah! nigaud, tues-toi si tu veux ». Maudit soient les enfantillages. Vas-t'en bien vîte chez ta belle, & viens m'apprendre tes succès.

(*Absolute sort.*)

SCENE VIII.

SIR ANTHONY, DAVID.

DAVID, *accourant.*

ARRÊTEZ? arrêtez ! au meurtre ! Ah ! Sir Anthony ! arrêtez-le ! ...

SIR ANTHONY.

Qui?

DAVID.

M. votre fils. Il y a des meurtres, des batailles en campagne, ils vont se battre.

SIR ANTHONY.

Qui va se battre?....

DAVID.

Tout le monde : mon pauvre maître, Sir Lucius, votre fils, l'Enseigne, le Capitaine....

SIR ANTHONY.

Ah ! malheureux ! voilà la cause de son embarras : sais-tu l'endroit du rendez-vous?

DAVID.

Kings-Mead-fields.....

SIR ANTHONY.

Viens-y avec moi?

DAVID.

J'en ignore le chemin ; mais je vais avertir le Maire, les Echevins, les Marguilliers, les Bedeaux & les Comptables de nous y conduire ; on ne peut être assez nombreux pour les séparer.

SIR ANTHONY.

Donnes-moi le bras, je t'accompagnerai. Oh ! je les arrangerai de la bonne manière ; je m'emporterai si violemment, qu'ils n'oseront continuer. — Le fourbe ! voilà les bijoux qu'il préparoit à sa future ! (*Ils sortent.*)

SCENE

SCÈNE IX.

Le Théatre représente Kings-Mead-fields.

ACRÈS, SIR LUCIUS.

ACRES, *des pistolets à la main.*

Foi de César, quarante pas, Sir Lucius, font une distance fort honnête.

SIR LUCIUS.

Passe ponr un combat au mousquet ou à la coulevrine.... (*Il mesure le terrein.*) Voici la distance d'un gentilhomme.....

ACRES.

Parbleu, il vaudroit autant se battre dans une guérite. Je vous le répète, Sir Lucius, plus je serai éloigné, & plus je me battrai de sang froid.

SIR LUCIUS.

Je vois que vous aimeriez autant être à une lieue?

ACRES.

Point du tout; mais trente-huit à quarante pas feront très-bien.

SIR LUCIUS.

Quatre pieds de distance font autant d'effet que trois mille.....

ACRES.

Par ma valeur, il n'y a point de mérite à tuer au bout portant. — Ecoutez, mon cher Sir Lucius? mettons la distance du coup de fusil?

SIR LUCIUS.

Nous arrangerons cela avec nos adversaires. — En attendant, occupons-nous de vos affaires. — N'avez-vous pas quelques ordres à me donner en cas d'accident?... vous m'entendez?

ACRES.

Je ne sais ce que vous voulez dire.

SIR LUCIUS.

Quand on se bat, on court de grands risques; une malheureuse balle peut vous donner un *brevet de paix*, & pour lors adieu les affaires de famille.

ACRES, *très effrayé*.

Un *brevet de paix!*

SIR LUCIUS.

Oui. Si vous succombez, voulez vous être embaumé & renvoyez chez vous, ou préférez-vous qu'on vous enterre dans l'Abbaye?

ACRES.

Ah! Sir Lucius, ne parlez pas de la sorte. . . . . je ne veux pas être confit comme un concombre.

SIR LUCIUS.

Il vaut autant reposer dans l'Abbaye; on dit qu'il y a des sépultures fort agréables.

ACRES.

Le diable les emporte.

SIR LUCIUS.

Je m'apperçois, M. Acres, que vous n'avez jamais eu d'affaire de cette nature.

ACRES.

Jamais.

SIR LUCIUS.

J'en suis fâché; il n'y a rien de tel que l'habitude. — Comment voulez-vous recevoir le coup?

ACRES.

Obliquement : mais morbleu je me rapetisserai si fort, qu'il ne pourra point m'atteindre.

SIR LUCIUS.

Vous êtes mal placé. (*Il lui assigne un poste & lui présente le bout du pistolet.*) Si je vous vise comme cela? . . .

ACRES.

Prenez garde. . . .

SIR LUCIUS.

Ne craignez rien.....

ACRES.

Ce maudit pistolet n'a qu'à s'aviser de prendre ſeu.....

SIR LUCIUS.

Soyez tranquille. — Dans votre attitude actuelle, la balle a double avantage, si elle ne vous touche pas à gauche, il est à parier qu'elle vous touchera à droite.

ACRES.

Bon?

SIR LUCIUS, *le place différemment.*

Regardez-moi en face. — Fort bien : comme cela une balle ou deux peuvent vous passer au travers du corps, sans le moindre danger.

ACRES.

Peste ! une balle ou deux?

SIR LUCIUS.

Sans doute : c'est l'attitude la plus convenable & la plus élégante.

ACRES.

J'aime autant une posture plus gauche ; je me placerai à ma fantaisie.

SIR LUCIUS, *en regardant sa montre.*

J'espère qu'ils ne manqueront pas à leur parole? — En honneur, je crois les voir là bas.

ACRES, *très-effrayé.*

Que dites-vous?

SIR LUCIUS, *regardant.*

Oui, oui, les voilà. — Mais qui sont ces deux hommes qui ont passé la barrière.

ACRES, *regarde.*

Je n'en sais rien. — Qu'ils viennent, nous ne les fuierons pas, n'est-il point vrai, Sir Lucius?

SIR LUCIUS.

Fi donc.

ACRES, *fort tremblant.*

Nous... ne... les craignons pas.....

SIR LUCIUS.

Que diable! qu'avez-vous?

ACRES.

Ah! Sir Lucius! si vous avez de l'amitié pour moi, parlez-moi de temps en temps de mon honneur.

SIR LUCIUS.

Vous plaisantez....

ACRES.

Point du tout. — Ah! mon très-cher ami! je .... je ne me sens pas aussi courageux que tantôt.

SIR LUCIUS.

Ne dites pas cela; les voici, ils approchent.

ACRES.

Ah! Sir Lucius! si vous ne soutenez pas ma valeur, je crois que j'aurois peur. — Ce maudit courage me quitte un instant & me revient ensuite.....

SIR LUCIUS.

Prenez garde qu'il ne vous échappe tout-à-fait....

ACRES.

Mon cher ami! vîte, vîte, je sens qu'il m'abandonne, il s'évapore par tous mes membres....

SIR LUCIUS.

De l'honneur, M. Acres.....

ACRES.

Ah! que ne suis-je à ma terre maintenant! ou que ne peut-on me tuer sans m'en avertir! Mais les voici.

SCENE X.

Les précédens, FAULKLAND, ABSOLUTE, *ils se saluent.*

ACRES.

QUOI! c'est toi, mon cher Jack, mon bon ami Jack.

SIR LUCIUS, *à Acres.*

J'approuve cette politesse. Allons, Messieurs, choisissez vos armes: (*montrant Faulkland.*) tandis que Monsieur se mesurera avec M. Acres, le Capitaine & moi nous vuiderons notre querelle.

FAULKLAND.

Mes armes, Monsieur?

ACRES.

Parbleu, Sir Lucius, je ne me batterai pas contre mes intimes amis.

SIE LUCIUS, *à Faulkland.*

Ne vous êtes-vous point rendu ici dans ce dessein!

FAULKLAND.

Point du tout.

SIR LUCIUS.

Cela me surprend: mais puisque nous sommes

trois ici avec cette intention, je me flatte, Monsieur, que vous voudrez bien faire le quatrième.

ACRES.

Je cède ma part de la querelle.

SIR LUCIUS, *montrant Faulkland.*

Monsieur a sans doute épousé l'intérêt de son ami Beverley?...

ACRES.

Je ne me bats qu'avec lui, qu'il se montre.

ABSOLUTE.

Le voici....

ACRES.

Comment diable?...

ABSOLUTE.

J'ai emprunté ce nom pour plaire à Miss Lydia, j'étois votre rival & votre confident; si vous vous en offensé, je suis prêt à vous en rendre raison.

SIR LUCIUS, *à Acres.*

Ah Monsieur! profitez de l'occasion.

ACRES.

Non, parbleu, l'amitié l'emporte sur l'amour.

SIR LUCIUS.

M. Acres, vous ne valez guères mieux qu'un poltron.

ACRES.

Prenez garde, Monsieur.

SIR LUCIUS.

Vous osez me menacer?...

ACRES.

Point du tout, le mot de poltron ne me choquera jamais, prononcé en plaisantant; mais si vous l'aviez dit comme un reproche sérieux.....

SIR LUCIUS.

Hé bien?

ACRES.

J'aurois pensé que vous n'étiez pas fort poli.

SIR LUCIUS.

Allez, Monsieur, vous n'êtes pas digne de mes regards.

ABSOLUTE.

Sir Lucius, prenez M. Acres pour second dans notre querelle, il tue généralement un homme par semaine.

SIR LUCIUS, *tire l'épée.*

De tout mon cœur.

ABSOLUTE, *tire la sienne.*

Vous le voulez, mettez-vous en garde....

SCENE XI.

Les précédens, SIR ANTHONY, MISTRISS MALAPROP, LYDIA, JULIE, DAVID.

DAVID.

UN petit moment, Messieurs : ah ! sir Anthony ! arrêtez sur-tout mon maître.

SIR ANTHONY.

Comment ! morbleu, des duels ? finissez, ou je me mets en colère. (*Les Dames s'emparent de leurs épées.*) — Quelle raison as-tu pour te battre ?

ABSOLUTE, *montrant Sir Lucius.*

Monsieur me l'a proposé, l'honneur militaire ne m'a pas permis de m'y refuser.

SIR ANTHONY.

On sert mal sa patrie par de pareilles étourdederies. Eh ! morbleu ! crains plutôt de ternir les armes destinées à sa défense, en les souillant du sang de ses sujets.

SIR LUCIUS.

M. votre fils m'avoit grièvement offensé, il avoit attaqué l'honneur de mon pays.

MIST. MALAPROP.

Ne parlez pas de l'*honneur* devant des Dames. — Ah ! Capitaine ! vous avez cruellement effrayé ma nièce.

ABSOLUTE.

Je n'ose m'en flatter.

MIST. MALAPROP.

Parlez, ma chère : pourquoi gardez-vous le silence ?

SIR LUCIUS.

Je l'expliquerai, si Miss daigne me le permettre.

LYDIA.

Que voulez-vous dire, Monsieur ?

SIR LUCIUS.

Il n'est plus temps de feindre ; parlez ma chère *Delia*....

MIST. MALAPROP, *à part.*

Qu'entends-je ?

LYDIA.

Vous avez raison, Sir Lucius ; je sens tous mes torts envers Monsieur, (*montrant Absolute*,) & je lui offre ma main pour m'en punir.

ABSOLUTE.

Je ne puis en croire mon bonheur..... — Je m'apperçois, Sir Lucius, que la prétendue insulte que vous me reprochez est un mal entendu ; je n'eus jamais le dessein de vous offenser ; vous êtes convaincu, je l'espère, que je sais aussi bien réparer les injures, que défendre l'objet de ma tendresse, contre quiconque qui voudroit me l'arracher.....

SIR ANTHONY.

Si on l'attaque, je le seconderai.

ACRES.

N'oubliez pas, Capitaine, que je renonce à mes droits : si je ne puis avoir de femme qu'à la pointe de l'épée, par ma foi je resterai garçon toute ma vie.

SIR LUCIUS.

Donnons-nous la main, Capitaine ; votre politesse me désarme ; mais permettez-moi de me justifier auprès de Miss Languish ? (*Il tire quelques lettres de sa poche.*) — Ces lettres.....

MIST. MALAPROP.

Arrêtez ; vous allez *dissoudre* ici un mystère que je pourrai *illuminer.*

SIR LUCIUS.

Je vous prie, Madame, de ne pas vous mêler d'une affaire que la jeunesse excuse. Miss Lydia, n'avez-vous pas entretenue une correspondance avec moi sous le nom de *Delia* ?

LYDIA.

Non, Monsieur.

MIST. MALAPROP.

Ah ! Sir Lucius ! mon embarras me décèle....

SIR LUCIUS, *en faisant un éclat de rire.*

Cela n'est pas possible .... tranquillisez-vous, Madame, je n'en abuserai pas.

MIST. MALAPROP.

Barbare ! vous abusez de ma foiblesse.

SIR LUCIUS.

Lucy me le paiera. Mais, Capitaine, vous êtes en train d'épouser; voudriez-vous vous charger aussi de ma *Delia ?*

ABSOLUTE.

Adressez-vous à M. Acres.

ACRES.

Non, parbleu; j'aimerois mieux me battre.

SIR ANTHONY.

Ne vous affligez pas, Madame; à votre âge on n'est embarrasé que du choix.

MIST. MALAPROP.

Ah ! Sir Anthony, je renonce au mariage, tous

les hommes sont des scélérats qui n'oppriment que la jeunesse & la beauté.

FAULKLAND, *à Julie.*

Je n'ose espérer mon pardon?

JULIE.

L'amour plaide encore votre cause; mais....

SIR ANTHONY.

Oh! de grace, n'allez pas le quereller de nouveau; il n'a d'autre défaut que d'être trop amoureux; allons, mariez-vous, & je vous réponds qu'il se corrigera.

ACRES.

C'est bien dit: tout le monde est content, & moi aussi, & pour vous prouver que je suis sans rancune, je paierai, morbleu, les violons.

FAULKLAND.

Le raison a succédée aux transports d'une imagination trop ardente, & la douceur de Julie m'a corrigé de mes soupçons jaloux.....

LYDIA.

La patience du Capitaine m'a guerrie d'un entêtement romanesque.

JULIE.

Soyons heureux; mais que le bonheur ne nous aveugle pas. Si l'espérance nous peint l'avenir avec des couleurs trop brillantes, méfions-nous de leur éclat. Quand l'amour unit deux cœurs vertueux, c'est avec les fleurs des champs qu'il forme leur couronne; mais sitôt que des passions trop actives y mêlent la rose brillante de nos jardins, on s'apperçoit bientôt de l'épine par sa blessure; la guirlande se fane, les fleurs disparoissent, & la douleur succède au plaisir.

FIN.

www.ingramcontent.com/pod-product-compliance
Ingram Content Group UK Ltd.
Pitfield, Milton Keynes, MK11 3LW, UK
UKHW022111260726
13993UKWH00001B/455

9 782329 153711